計劃一下
享受一個輕巧自在的
悠哉小旅行

ことりっぷ co-Trip
小伴旅

奈良・飛鳥

讓我陪你去旅行
一起遊玩好EASY～

走♪我們出發吧

抵達奈良後…

> 終於到奈良了。

那麼，接下來要做什麼呢？

奈良擁有1300年的悠久歷史。
藉由古老神社寺院及史蹟感受歷史風華，
同時好好享受奈良的"當下"。

若是初次造訪，先前往奈良公園吧。在那裡邂逅世界遺產及鹿群，一定能讓你感受到旅行才有的滿足感。之後就到奈良町的老街和站前商店街，享用美食並購買伴手禮。此外，由於奈良擁有豐沛的自然資源，也十分推薦前往飛鳥及吉野度過美好時光。

奈良町，町家建築傳承至今。☞ P.50

check list

- ☐ 在東大寺遇見"奈良大佛" ☞ P.30
- ☐ 春日大社的附屬神社巡禮 ☞ P.38
- ☐ 奈良町悠閒散步 ☞ P.50
- ☐ 下榻奈良飯店 ☞ P.74
- ☐ 在法隆寺遙想飛鳥時代 ☞ P.80
- ☐ 騎自行車漫遊飛鳥 ☞ P.90
- ☐ 參觀神祕的飛鳥石頭遺跡 ☞ P.94
- ☐ 春天滿山櫻花的吉野 ☞ P.106
- ☐ 盡情享受奈良的藝術世界 ☞ P.114

任何人都憧憬著一生至少入住一次的奈良飯店。☞ P.74

有許多像奈良國立博物館這樣得以感受藝術氣息的景點。☞ P.114

春日大社，讓人想在迴廊上悠閒散步，享受美好時光。☞ P.38

世界級的美麗建築。法隆寺五重塔。☞ P.80

3

抵達奈良後…

在奈良町的粟 ならまち店
品嘗日本傳統蔬菜 ☞P.52

購買傳統手工藝品奈良團扇當作伴手禮。
池田含香堂 ☞P.67

可在塔の茶屋品嘗茶粥便當 ☞P.44

前往奈良在地設計師的店Ivory ☞P.67

要吃點什麼呢？

使用奈良特產食材的鄉土料理。
大和蔬菜也十分吸睛。此外還有…
奈良就是有這麼多美食。

使用大和茶的茶粥、柿葉包的壽司、葛粉製作的菜餚及和菓子，這裡有各種道地的奈良口味。使用大量傳統大和蔬菜的健康午膳廣受女性歡迎。若是偏好甜食的話，和菓子及西點也相當多樣，任君挑選。

在當地十分出名的柿葉壽司
平宗奈良店。☞ P.46

吉野本葛黑川本家的
葛粉奶酪
☞ P.49

check list

☐ 散發清香的茶粥十分順口 ☞ P.44

☐ 在奈良町享用甜點 ☞ P.54

☐ 奈良名產、柿葉壽司 ☞ P.46

☐ 品嘗和式甜點舒緩身心 ☞ P.58

☐ 品嘗更多大和美味 ☞ P.48

☐ 享受古代的好味道 ☞ P.96

造訪可品嘗到大和真菜等大
和時蔬的餐廳。 ☞ P.52

要買些什麼呢？

可用於日常生活的傳統工藝品。
適合當伴手禮的和菓子及奈良漬。
還有許多可愛的鹿商品。

這裡有許多可用於日常生活的工藝品，如手工編織的奈良麻布等。買些和社寺有淵源的和菓子也是不錯的選擇，可從飲食文化中體認到先人的智慧。也別錯過奈良偶像鹿的周邊商品。

在三樂洞買的
鹿商品。☞ P.68

利用蚊帳布製作的小物
是白雪ふきん的人氣商
品。☞ P.69

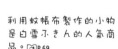

多麼可愛的
鹿馬芬！☞ P.55

check list

☐ 平常會用到的麻製品 ☞ P.66

☐ 老店風味，奈良漬 ☞ P.70

☐ 奈良風的墨與毛筆 ☞ P.66

☐ 飛鳥的古代米甜點 ☞ P.97

☐ 圖樣美麗的奈良團扇 ☞ P.67

☐ 在吉野山吃吉野葛 ☞ P.111

☐ 討人喜歡的鹿商品 ☞ P.68

☐ 博物館限定商品 ☞ P.114

到奈良玩3天2夜

首先從擁有許多位列世界遺產的社寺等景點的奈良市區出發。
同時也盡情享受美食購物之樂。
第3天前往飛鳥，造訪悠閒的古代城鎮。

第1天

抵達奈良。先到奈良公園散步。

11:00

能夠在**奈良公園**和鹿群相遇。佔地寬廣的公園內綠意盎然。（☞P.28）

11:15

宛如風景明信片般的美景不斷出現在眼前！

春日大社境內有無數石燈籠並排林立。（☞P.38）

從東大寺散步到春日大社，再前往**浮見堂**。地形多起伏的奈良公園，隨處可見如畫般的美麗風景。（☞P.28）

13:00

在**東大寺**參拜"奈良大佛"。寺地遼闊，隨處可見廟宇建築。不妨在此好好遊逛一番。（☞P.30）

山茶花土鈴是二月堂的人氣伴手禮。

14:00

去興福寺參拜前，先在「塔の茶屋」享用茶粥便當，度過午餐時光。（☞P.44）

奈良最高的**興福寺**五重塔。從猿澤池眺望五重塔身影，真是美麗絕倫。（☞P.34）

15:00

奈良國立博物館是日本唯一的佛教美術館。秋天會舉辦正倉院展。（☞P.114）

入住奈良飯店是這次旅行的一大焦點。

17:00

奈良飯店是關西屈指可數的名門飯店。館內隨處洋溢高雅的氛圍。（☞P.74）

在主餐廳「三笠」吃晚餐，品嘗豪華的法國料理。

第2天

今天從奈良町出發。
享受町家購物之樂。

10:30

奈良町是江戶時代興起的商業區。屋簷下垂掛的「替身猿偶」據說是城鎮內家家戶戶的護身符。（☞P.50）

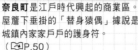

在老店買的麻布製品。吉田蚊帳（☞P.51）

奈良町也可以買到鹿商品。hono-a（☞P.57）

11:00

在**奈良町**，有使用大和蔬菜的餐廳及推出人氣健康午餐的咖啡廳。機會難得，就留在奈良町吃午餐吧。

品嘗大和傳統蔬菜，樂享當季美味

粟 ならまち店（☞P.52）

12:30

到奈良町附近的**"車站商店街"**選購伴手禮。這裡的奈良伴手禮種類齊全。（☞P.64～71）

藤田芸香亭（☞P.69）的鹿土鈴。

14:00

下午到西京及斑鳩的各寺院遊逛。首先造訪位於西京的**藥師寺**（☞P.60）、**唐招提寺**（☞P.61）。

18:00

小鳥們會住進架在樹枝上的巢箱。

今晚住在**秋篠の森**（☞P.76）。這是費盡心力才預約到的人氣旅館。

在群樹環繞之下，漸漸進入夢鄉…。

從西京前往斑鳩。雖然兩地相隔有段距離，但絕對不能錯過日本第1號世界遺產**法隆寺**（☞P.80）。

15:30

第3天

11:00

奈良之旅最終日，前往飛鳥。
搭乘近鐵電車欣賞大和地區沿途美景。
在飛鳥騎單車遊史蹟。

飛鳥坐擁四季分明的山村之中。春天會有一整片的油菜花海迎接遊客到來。（☞P.90）

11:30

高松塚壁畫館內展示著古墳內部的複製品。複製壁畫相當值得一看。
（☞P.90）

12:00

與飛鳥的地標面對面。**石舞台古墳**是日本最大的石室古墳。還可以進入石室內部參觀。（☞P.94）

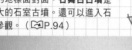

第一次看到龜石。
名不虛傳，超級可愛～！

佇立在路旁的**龜石**。比想像中還要巨大！（☞P.95）

13:30

品嘗**明日香の夢市·夢市茶屋**的古代米御膳。在地蔬菜烹調的配菜也十分美味。（☞P.97）

14:30

奈良縣立萬葉文化館是以《萬葉集》為主題，飛鳥獨有的博物館。親身感受萬葉集的世界。（☞P.115）

附近還有提供好喝咖啡的店家。珈琲「さんぽ」。（☞P.96）

販售多種原創商品的博物館商店。

15:45

蘇我馬子創建的**飛鳥寺**。是日本最早的正統佛教寺院，供奉著日本最古老的佛像。（☞P.92）

我的旅行
小法寶

擬定計畫的訣竅

奈良保存許多歷史建築及史跡。事先決定幾個景點，以奈良（市內）為起點，往飛鳥、吉野地區規劃行程較為理想。無論如何安排，建議預留充裕的時間，才可悠閒地遊逛參觀。

my memo

第1天

JR・近鐵奈良站
↓
奈良公園
↓
東大寺
↓
春日大社
↓
浮見堂
↓
興福寺
（在附近吃午餐）
↓
奈良國立博物館
↓
下榻奈良市內

第2天

奈良市內飯店
↓
奈良町
（在附近吃午餐）
↓
奈良市區
↓
藥師寺・唐招提寺
↓
法隆寺
↓
下榻奈良市內

第3天

奈良市內飯店
↓
近鐵飛鳥站
↓
高松塚古墳・壁畫館
↓
石舞台古墳
↓
在附近吃午餐
↓
奈良縣立萬葉文化館
↓
飛鳥寺
↓
從近鐵飛鳥站踏上歸途

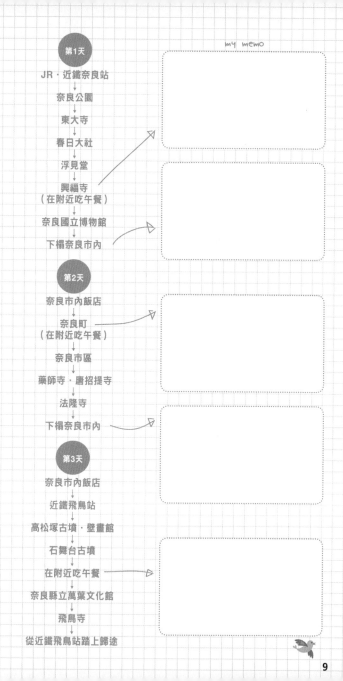

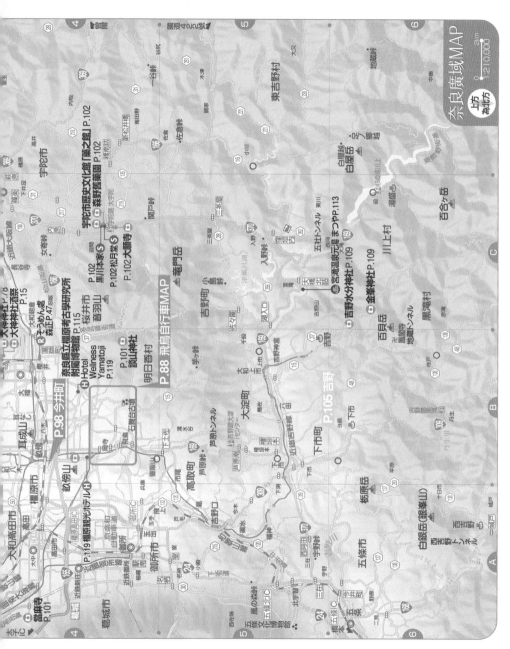

重新認識日本
奈良的世界遺產巡禮

超過1300年歷史的社寺
承載了歷史文化，以及展現工匠技藝的精華。
透過奈良的世界遺產一探日本精神的奧妙。

奈良的世界遺產
1993年登錄「法隆寺地區的佛教建築」
（法隆寺、法起寺）
1998年登錄「古都奈良的文化財」（東大寺、興福寺、春日大社、春日山原始林、元興寺、藥師寺、唐招提寺、平城宮遺址）
2004年登錄「紀伊山地靈場與參詣道」

奈良公園
東大寺 P.30
とうだいじ

"奈良大佛"坐鎮的大寺院。佔地寬廣的寺院境內可欣賞眾多雕刻精細的佛像及木造建築。

奈良公園
興福寺 P.34
こうふくじ

可俯瞰猿澤池的五重塔極美。絕不可錯過面帶憂愁的阿修羅像等天平時代佛像。

奈良公園
春日大社 P.38
かすがたいしゃ

綠意盎然的春日之森自古以來就被視為神域。朱漆社殿與一整排的石燈籠場面壯觀。

奈良町
元興寺 P.50
がんごうじ

位於奈良町，氣勢十足的寺院。可在此一窺庶民信仰的歷史。

奈良公園
春日山原始林
かすがやまげんしりん

自古以來被視為神域而妥善保存。周圍的春日山觀光步道是很受歡迎的健行路線。 MAP 23F-2

西京
藥師寺
やくしじ P.60

1300年前建造的東塔，與昭和時代重建的鮮豔西塔呈巧妙對比。目前各佛堂都在重建中。

西京
唐招提寺
とうしょうだいじ P.61

為佛教犧牲奉獻的唐代名僧鑒真和尚創立的寺院。整個寺院都能感受到一股凜然正氣。

佐保・佐紀路
平城宮遺址
へいじょうきゅうせき P.63

奈良古都，平城京中樞遺址。建築矗立在寬廣的腹地上，供人遙想昔時盛景。

斑鳩
法起寺
ほうきじ P.82

寺院建於大波斯菊盛開的花田中。日本最古老的三重塔洋溢古樸氣息，與周圍景色巧妙地融為一體。

斑鳩
法隆寺
ほうりゅうじ P.80

寺內整體呈現出均衡的美感，並收藏為數眾多的國寶。千萬別錯過日本最早登錄世界遺產的建築。

 P.106

吉野
紀伊山地靈場與參詣道
橫跨奈良、三重、和歌山各縣。奈良縣內有靈場「吉野・大峯」及參詣道「大峯奧驅道」

13

古都的四季更迭
感受奈良傳統的祭典

隨著四季不同時期舉辦，享受當下獨有的樂趣。
從歷史悠久的祭典，到充滿奈良風情的活動，
不妨在不同時期造訪，體驗不同凡響的奈良風情。

以社寺為舞台
各式各樣的風雅祭典

奈良擁有悠久歷史與眾多古剎，
許多活動常以寺院神社以及自然
景觀為舞台，絢爛華麗，卻又不
失優雅。

春

3月1～14日
取水節（二月堂修二會）
おみずとり（にがつどうしゅにえ）
持續超過1200年以上的儀式。火花
會從東大寺二月堂舞台上紛飛落下。
會場／奈良市 東大寺 ▷P.30

取水節（二月堂修二會）

4月第2個週六・日，
10月第2週日
大茶盛式 おおちゃもりしき
僧侶會以大茶碗泡茶，讓與會
者輪流啜飲。
會場／奈良市 西大寺 ▷P.63

4月下旬～5月上旬
牡丹祭 ぼたんまつり
在牡丹盛開的寺內，舉行獻花
儀式及戶外茶會。
會場／櫻井市 長谷寺 ▷P.100

5月5日、11月3日
萬葉雅樂會 まんようががくかい
於神苑水池內的舞台上舉行雅
樂及舞樂表演。
會場／奈良市 春日大社 ▷P.38

5月第3週五・六
薪御能 たきぎおのう
在春日大社及興福寺表演能樂
與狂言幽玄之舞酬謝神明。
會場／奈良市 興福寺 ▷P.34、
春日大社 ▷P.38

撒團扇（中興忌梵網會）

5月19日
撒團扇
（中興忌梵網會）
うちわまき（ちゅうこうきぼんもうえ）
在戒律中興之祖覺盛上人的追
思法會後，會撒下團扇。
會場／奈良市 唐招提寺 ▷P.61

夏

7月7日
蛙跳式（蓮華會）
かえるとび（れんげえ）
靈感來自受佛祖懲罰的男人為
高僧所救的故事。
會場／吉野町 金峯山寺 ▷P.108

8月7日
大佛淨身儀式
だいぶつさまみぬぐい
誦經並擦拭"奈良大佛"為其
淨身。為一年一度的儀式。
會場／奈良市 東大寺 ▷P.30

8月上旬～中旬
奈良燈花會 ならとうかえ
奈良市 區一帶會點起超過
25000根蠟燭。
會場／奈良市 奈良公園周邊
MAP 25E-2

8月15日
奈良大文字送火
ならだいもんじおくりび
於高圓山上點燃火焰的「大」
字。可在奈良公園各地點觀賞。
會場／奈良市 高圓山
MAP 23F-3

奈良大文字送火

采女祭

9月中秋月圓之日
采女祭 うねめまつり
在雅樂演奏聲中，2艘管絃船緩
緩橫渡猿澤池。
會場／奈良市 猿澤池 P.28

10月上旬的週六‧日、
假日，3~4次
鋸鹿角 しかのつのきり
1次圍捕3~4頭雄鹿，由神官鋸
下鹿角。
會場／奈良市 春日大社境內鹿苑
MAP 25E-3

11月14日
大神神社酒祭
おおみわじんじゃさけまつり
祈求明年能釀出上等新酒的儀式。
會場／櫻井市 大神神社 P.78

鋸鹿角

春日若宮御祭

12月15~18日
春日若宮御祭
かすがわかみやおんまつり
巫女及傳統藝能團體負責各種
酬神表演節目。
會場／奈良市 春日大社 P.38

2月立春前日
退鬼儀式（追儺會）
おにおいしき（ついなえ）
撒福豆將鬼趕出門外，是立春
時的消災招福儀式。
會場／奈良市 興福寺 P.34

火燒若草山

1月第4個週六
火燒若草山
わかくさやまやき
放煙火的同時，也會放火燒若草
山。為新年增添喜氣的火焰祭典。
會場／奈良市 若草山 P.28

2月立春前日、8月14‧15日
春日大社萬燈籠
かすがたいしゃまんとうろう
點起境內約3000座燈籠，眼前
的美景如夢似幻。
會場／奈良市 春日大社 P.38

2月上旬~3月中旬
喚鹿大會 しかよせ
吹奏法國號召集鹿群並餵食的
活動。
會場／奈良市 奈良公園飛火野
MAP 25E-3

正因為是自然景觀豐沛的奈良
千萬不能錯過花卉與紅葉名勝地

為各種風景增添色彩的花卉與紅葉。
追尋令人難忘的美景
出發前往古都大和探訪令人驚艷的美麗景點。

建議一早就出發
賞櫻及賞楓旺季時經常會出現塞車等狀況，各景點也人潮洶湧。建議早上預留充裕時間提早出發。

1 山櫻花將吉野山染成一片粉紅
2 郡山城遺址美麗的枝垂櫻

牡丹
4月下旬~5月上旬
長谷寺 ☞P.100
長長的登廊兩旁約
7000株牡丹盛開。

紫藤花
4月下旬~5月中旬
春日大社 ☞P.38
除了樹齡800年的
「垂砂紫藤」之
外，還有200株紫
藤花盛開。

櫻花初綻宣告春天到來
賞櫻名勝的吉野山有山櫻花，郡山城遺址則有枝垂櫻；隨著不同的品種與景點，櫻花各展其芳華。

3月下旬~4月中旬
奈良公園 ☞P.28

4月上旬
石舞台古墳 ☞P.94

3月下旬~4月上旬
郡山城遺址 ☞P.84

4月上旬~下旬
吉野山 ☞P.106

櫻

杜鵑
4月下旬~5月上旬
長岳寺 ☞P.78
綻放在長長的參道兩
旁，花影倒映在庭園池
塘上。

石楠花
4月中旬~5月上旬
室生寺 ☞P.100
盛開於通稱為「鎧坂」
的石階兩旁。

繡球花

6月上旬～7月上旬

矢田寺 P.101

寺內有一萬株繡球花叢生。

紅花石蒜

9月中旬～10月上旬

飛鳥一帶 P.90

紅花石蒜將田埂染成一片殷紅。

荷花

6月下旬～8月中旬

唐招提寺

明豔的荷花，盛開於大片荷葉之間。

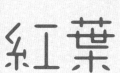

桔梗

6月中旬～8月上旬

元興寺 P.50

初夏花謝，盛夏再度盛開。

大波斯菊

10月上旬～下旬

法起寺 P.82

開滿三重塔所在的寺內周邊，捎來秋天的氣息。

紅葉

色彩繽紛的艷麗之秋

矗立在滿山火紅之中的談山神社、室生寺。在奈良公園可見鹿群輕踏金色銀杏葉的身姿。

10月下旬～11月下旬
奈良公園 P.28

11月上旬～下旬
室生寺 P.100

11月上旬～下旬
長谷寺 P.100

11月中旬～12月上旬
談山神社 P.101

1 奈良公園也染上紅黃二色 **2** 談山神社正殿與楓葉的相互襯托更顯風采

ことりっぷ co-Trip 小伴旅 奈良・飛鳥

CONTENTS

奈良・奈良市區周遭

坐擁豐饒大自然的奈良，
處處可見歷史悠久的古老神社寺院。
不論是有可愛小鹿嬉戲的奈良公園，
還是町家林立的奈良町，都可從車站步行前往。
這是一個適合安靜悠閒散步的城鎮，
可在此一享世界遺產寺院巡禮之樂。

大略地介紹一下奈良

不論是東大寺所在的奈良公園，還是傳統町家林立的奈良町，
主要景點都在步行範圍內。若擔心分不清東西南北，
只要記得若草山在「東方」就沒問題了。

旅程由奈良站出發

"餓著肚子無法觀光"
☞**快速解決早餐&午餐**

JR和近鐵車站周邊都有許多咖啡廳等的餐飲店。可一邊享用

早餐或午餐，一邊確認接下來的行程，讓旅途更加順利。

JR奈良站出發時

先去一趟
☞**觀光服務處**

奈良站內設有觀光服務處，提供實用的觀光手冊，可事先索取旅途會更為便利。

卸下沉重的行李輕鬆觀光
☞**利用投幣式置物櫃**

置物櫃就在出奈良站後的巴士站前。有幾種不同的大小，收費為300～600日圓。

近鐵奈良站出發時

先去一趟
☞**觀光服務處**

電車的月台在地下。觀光服務處要上到一樓，在電扶梯旁邊。

卸下沉重的行李輕鬆觀光
☞**利用投幣式置物櫃**

置物櫃在東出口及西出口的剪票口旁。有幾種不同的大小，費用為300～600日圓。

有東西忘了買?
☞**可到車站大樓商店**

有附設藥局及販賣奈良漬的伴手禮店，也有賣便當和熟食的店家唷。

洽詢處
奈良市觀光服務中心
☎0742-22-3900

小小清單check

- ☐ 相機
- ☐ 防曬用品
- ☐ 帽子
- ☐ 手提袋

etc…

想參觀
鎮寺之寶的佛像

佐保·佐紀路 P.62
さほ・さきじ

在這塊安靜的郊區，有許多古寺悄悄佇立其間。各寺院供奉的優美佛像是觀光重點。

水上コナべ池

海龍王

法華寺

平城宮遺址

52

近鐵奈良線

垂仁天皇陵

三條大路

二坊宮遺址庭園

369

近鐵橿原線

唐招提寺

西之京站

薬師寺東口

大池

藥師寺

24

首先，
要去哪呢?

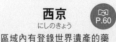

九條站

奈良口

想去大寺廟參拜

西京 P.60
にしのきょう

區域內有登錄世界遺產的藥師寺及唐招提寺二座寺廟。四周是一派悠閒的田園風光。

想悠閒散步

奈良公園
ならこうえん P.28

總面積達660公頃的自然公園。腹地內有興福寺等著名社寺及博物館，是奈良首選的觀光區。

想去見"奈良大佛"

東大寺
とうだいじ P.30

代表奈良的大寺院。寬廣的腹地內散布著各個佛堂建築。其中的大佛殿中供奉著「奈良大佛」。

想購買奈良伴手禮

奈良市區
ならタウン P.64

近鐵奈良站及JR奈良站的周邊區域。各種伴手禮店及餐廳等應有盡有，是奈良第一的鬧區。

想造訪町家

奈良町
ならまち P.50

小巷內町家建築林立的悠閒區域。可看見不少町家改建的商店和咖啡廳。

奈良的門戶，JR奈良站與近鐵奈良站相距約15分路程。中間由熱鬧的商店街做連接。

21

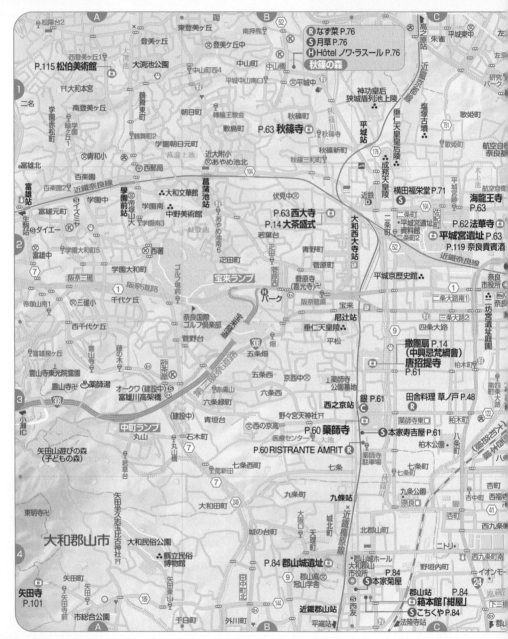

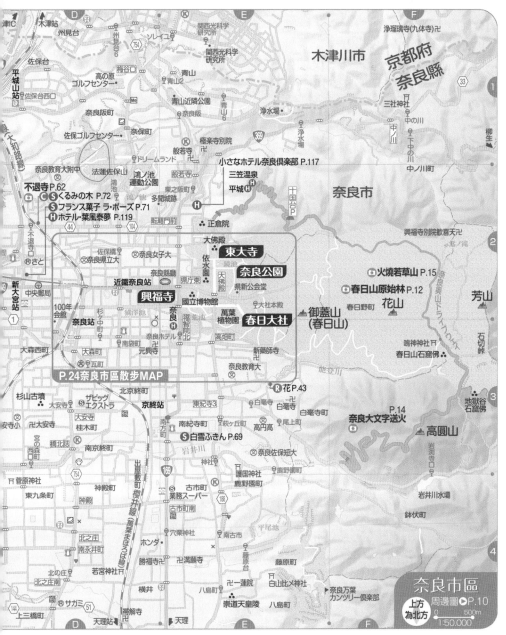

奈良市區

周邊圖 ●P.10

上方
為北方

500m

1:50.000

奈良市區散步MAP
上方為北方　周邊圖 ▶P.23
1:12.000　100m
步行5分

25

搭電車及巴士周遊奈良

要前往奈良站周邊之外的奈良市內觀光景點，搭乘電車及巴士十分便利。
巴士路線不僅涵蓋奈良市區，還向外延伸到斑鳩（法隆寺）。
調查好乘車地點及票價優惠就可以出發囉。

乘車資訊

● 巴士乘車處
近鐵奈良站前北側及JR奈良站
前東側都有巴士乘車處。幾乎所
有的巴士都會經過這兩站。

● 巴士為前門或後門上車？
上車投錢？
市內循環線、中循環線為前門上
車投錢，下車時請走後門；回遊
線以及其他路線則為後門上車，
下車時走前門投錢。

洽詢處
奈良交通客服中心
☎0742-20-3100

NC巴士郡山營業所
（JR法隆寺站～法隆寺門前）
☎0743-58-3033

超值巴士乘車券
奈良市內均一區間乘車券500日
圓（右圖■■範圍內）、奈良‧
西京自由乘車券700日圓（右圖
■■範圍內）、奈良‧西京‧斑
鳩自由乘車券1000日圓（右圖
■■範圍內），可在指定範圍內
一日不限次數搭乘。可於站前服
務處購買（巴士內不販售）。

往佐保‧佐紀路…
近鐵奈良站前⑬號乘車處
搭乘往西大寺駅等班車7
分、200日圓，教育大附
屬學校下車。
近鐵奈良站搭乘電車至大
和西大寺站5分200日圓。

往西京…
近鐵奈良站前⑥號乘車處
搭乘往法隆寺駅等班車18
分、250日圓，藥師寺東
口下車。
近鐵奈良站搭乘電車至西
之京站15分（大和西大寺
站轉乘）、250日圓。

往斑鳩（法隆寺）…
JR奈良站搭乘大和路線至
法隆寺站11分、210日
圓。法隆寺駅搭乘NC巴士
至中宮寺前4分、至法隆寺
前8分，均為180日圓。
若搭乘巴士，近鐵奈良站
前⑧號乘車處搭乘往法隆
寺前（經法起寺前）班車1
小時、760日圓，終點站
下車。

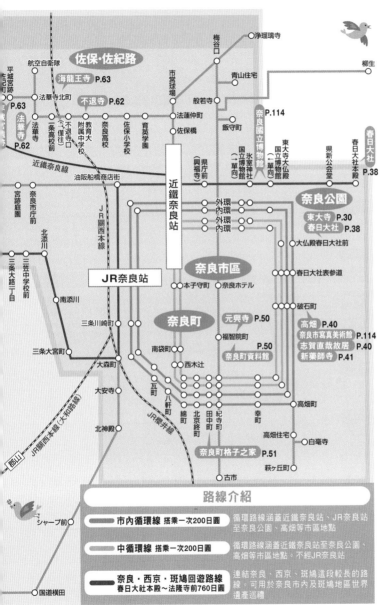

往奈良公園…

近鐵奈良站前①號乘車處搭乘
市內循環外環・中循環外環路
線4分，200日圓，大仏殿春
日大社前下車。

往高畑…

近鐵奈良站前①號乘車處搭乘
市內循環外環・中循環外環路
線6分，200日圓，破石町下
車或7分在高畑町下車。

往奈良町…

近鐵奈良站前③號乘車處搭乘
往天理等班車6分，200日
圓，福智院町下車。或是由⑨
號乘車處搭乘市內循環內環路
線9分，200日圓，田中町下
車。

奈良／搭電車及巴士周遊

地圖標示（佐保・佐紀路）

佐保・佐紀路

海龍王寺 P.63
不退寺 P.62
法華寺 P.62
法華寺 P.63

淨瑠璃寺
梅谷口
柳生
青山住宅
般若寺
市營球場
法蓮仲町
飯守町
佐保橋
奈良國立博物館 P.114
東大寺大仏殿
國立博物館
氷室神社
國立博物館
春日大社 P.38
春日大社本殿
県新公會堂

航空自衛隊
平城宮跡
近鐵奈良線
油阪船橋商店街
教育大附屬中學校
奈良高校
佐保高校
育英學園
一條高校前
不退寺口
法華寺北町

近鐵奈良站

JR奈良站

奈良市區

奈良公園
東大寺 P.30
春日大社 P.38
大仏殿春日大社前
春日大社表參道

奈良町
元興寺 P.50
福智院町
奈良町資料館 P.50
奈良町格子之家 P.51

高畑 P.40
奈良市寫真美術館 P.114
志賀直哉故居 P.40
新藥師寺 P.41
破石町
高畑町
高畑住宅
白毫寺
萩ヶ丘町

宮跡庭園
奈良市廳前
北添川
三笠大路丁目
三笠中學校前
南添川
三条川崎町
三条大宮町
大森町
大安寺
北神殿
國道横田
シャープ前
本子守町
奈良ホテル
南袋町
西木辻
瓦町
八軒町
綿町
紀寺町
田中町
北京終町
幸町
古市

JR關西本線
JR櫻井線
JR關西本線（大和路線）
郡山

路線介紹

市內循環線 搭乘一次200日圓
循環路線涵蓋近鐵奈良站、JR奈良站
至奈良公園、高畑等市區地點。

中循環線 搭乘一次200日圓
循環路線涵蓋近鐵奈良站至奈良公園、
高畑等市區地點。不經JR奈良站

奈良・西京・斑鳩回遊路線
春日大社本殿～法隆寺前760日圓
連結奈良、西京、斑鳩這段較長的路
線。可用於奈良市內及斑鳩地區世界
遺產巡禮

市內循環線巴士中，有一輛復古風「バンビーナ號」巴士。車身上有小鹿圖案，還設有向外的觀景座位呢。

可愛小鹿聚集
奈良公園散步趣

來到奈良後首先必遊的區域。
青綠草地、蓊鬱林木、以及許多小鹿在此迎接訪客。
還有世界遺產的社寺分布其間。出發前往奈良公園吧。

👣整個繞上一圈
🕐 **5小時**

建議出遊Time
7:00-20:00

公園內地形多起伏,最好著輕便裝束。興福寺五重塔與浮見堂,以及夏秋之際的東大寺都有夜間點燈,特別推薦傍晚時段。早晨的社寺境內氣氛也不錯。

小・小・旅・程・提・案

近鐵奈良站出發
沿登大路直線向東走。也可在站前搭乘市內循環巴士

1 東大寺 とうだいじ
以"奈良大佛"聞名的大寺院。佛像大得超乎想像 🗺️P.30

2 若草山 わかくさやま
滿山都為青草覆蓋,從山坡上可眺望大佛殿與奈良市區
☎0742-22-0375(奈良公園管理事務所)
🏠奈良市春日野町若草157 🕐3月第3週六～12月第2週日(每年可能不同)9:00～17:00開放入山 🈳期間無休(天候不佳時可能不開放入山) 💴150日圓 🅿無 🚌大佛殿春日大社前巴士站步行15分 MAP 25F-1

3 春日大社 かすがたいしゃ
境內眾多神社可祈求各種好運。是一座被蓊鬱森林包圍的古老神社 🗺️P.38

4 浮見堂 うきみどう
在鷺池中央,擁有六角形屋頂的涼亭。可在此享受美景
☎0742-22-0375(奈良公園管理事務所) 🏠奈良市高畑町垣內1170 🕐自由參觀 🅿有 🚌春日大社參道巴士站步行5分 MAP 25D-3

5 奈良國立博物館 ならこくりつはくぶつかん
收藏眾多國寶及佛像,其魄力又與在寺院觀賞時截然不同。 🗺️P.114

6 猿澤池 さるさわいけ
倒映在水面上的興福寺五重塔是千萬不能錯過的美景
☎0742-22-0375(奈良公園管理事務所) 🏠奈良市登大路道猿沢49 🕐自由參觀 🅿無 🚌近鐵奈良站步行5分 MAP 24C-3

7 興福寺 こうふくじ
由猿澤池登上階梯到寺內。參拜國寶館中的阿修羅像 🗺️P.34

終點為近鐵奈良站
稍微走一下就抵達車站。也可以穿越東向通

京都↑
焼門前
戒壇堂
1 東大寺
奈良公園
369
東大寺南大門
奈良県文化会館
縣立美術館
登大路町
志津香公園店
奈良縣廳
森奈良漬店
県庁東
リストランテ イ・ルンナ
START
近鐵奈良站
GOAL
県庁前
369
県庁東
大仏殿
7 興福寺
5 奈良國立博物館
大仏殿春日大社前
春日参拝道三条通
猿澤池 6
一の鳥居前
春日大社表参道
JR奈良站
浮見堂 4
奈良飯店
169
高畑

奈良公園實在廣闊！
總面積多達660公頃的自然公園內，有位列世界遺產的著名寺院神社、若草山以及春日山原始林。腹地內到處都看得到鹿。

碎切奈良漬壺裝
945日圓

小憩一會

Ⓐリストランテ イ・ルンガ
由第一位在義大利獲得一星的日本主廚掌廚。午餐5400日圓、晚餐10800日圓～。
☎0742-93-8300
♙奈良市春日野町16
🕐11:30～13:30、18:00～20:00（預約制）休不定休 P有
‼近鐵奈良站步行15分
MAP 25D-2
使用大和真菜的清炒義大利麵

Ⓑ森奈良漬店 もりならづけてん
於1869年（明治2）年創業的老店。使用古法製作的奈良漬，擁有老饕才懂的辛辣好滋味。
☎0742-26-2063 ♙奈良市春日野町23 🕐9:00～18:00 休無休
P無 ‼大仏殿春日大社前巴士站即到 MAP 25D-2

▣二月堂
▣法華堂（三月堂）

Ⓒ志津香公園店 しづかこうえんてん
剛煮好的香軟釜飯，香氣四溢料多實在。店員還會教你怎麼吃最好吃。
☎0742-27-8030 ♙奈良市登大路町59-11 🕐11:00～20:00
休週二（逢假日則營業，有補休）
P有 ‼近鐵奈良站步行15分
MAP 25D-2

奈良七種釜飯
1155日圓

❶奈良公園的鹿不怕生 ❷建在鷺池之上的浮見堂 ❸隔著鏡池可眺望東大寺大佛殿 ❹夏天園內各處紫薇花盛開 ❺從猿澤池遠望五重塔 ❻奈良國立博物館內必訪的佛像館（本館）

2 若草山
奈良公園シルクロード交流館

縣新公会堂

縣新公会堂

春日大社本殿

3 春日大社

奈良公園和鹿
是老朋友了
奈良公園的鹿被視為春日大社的神使，長久以來受到良好保護。目前奈良公園約有1000頭以上的鹿。

於園內販售的鹿仙貝

5

3 **4** **6**

與日本最大的佛像
"奈良大佛" 相見歡

世界遺產「東大寺」是縣內首屈一指的大寺院。
創建於奈良時代，歷史氛圍濃厚的廣闊寺院內
有許多可看之處。規模真是不同凡響。

東大寺　8世紀中葉，依聖武天皇發願創建的華嚴宗總寺院。寬廣的境內建有許多國寶級建築，展示被奉為本尊的"奈良大佛"盧舍那佛等雕工精美的天平時期佛像。是世界遺產。

散步指南

- ●需時　1小時
- ●最佳散步季節　櫻花之春與紅葉之秋是最美麗的季節。新綠照人的初夏是小鹿登場的季節。7月到9月底有建築物夜間點燈。
- ●活動　3月1～14日 取水節（二月堂修二會）／8月7日 大佛淨身儀式（大佛殿）

從這裡出發吧。

南大門 國寶
なんだいもん

入口處的巨大南大門，是鎌倉時代的建築。立有運慶、快慶雕刻的仁王像。

直線前進。

大佛殿 國寶
だいぶつでん

由中門前往大佛坐鎮的大佛殿。這是一座寬57m、高47m、深50m的世界最大木造建築。

仔細欣賞
集結宮大工技藝精華的建築
寺內的堂宇多為國寶級建築。包括奈良創寺當時到江戶時代重建，可在此欣賞使用歷代最精良技術建成的佛教建築。

爬上樓梯。

往寺內西側。

穿過裏參道。

二月堂 國寶
にがつどう

以3月舉行取水節的地點廣為人知。可在此遠眺大佛殿及奈良市區，落日時分的景色美得驚人。

戒壇堂
かいだんどう

傳授佛教戒律的地方，堂中供奉著佛法守護神四天王像。

法華堂（三月堂） 國寶
ほっけどう（さんがつどう）
東大寺中最古老的建築。堂內陳列的國寶級天平佛像魄力十足。

聚爛二月堂。

再下去就會抵達若草山，往春日大杜。

小憩一會

可在此小憩，享用蕨餅抹茶套餐800日圓

龍美堂 りゅうびどう
二月堂旁的茶屋。提供和取水節有淵源的行法味噌。

☎0742-23-6285 🏠奈良市東大寺二月堂南茶所 🕙9:00～17:00 🈺無休 🅿無 🚶大仏殿春日大社前巴士站步行15分 🅼25E-1

Todaiji map

正倉院

裏參道

大佛池（二ツ池）

講堂遺址

二月堂

龍美堂

法華堂（三月堂）

大佛殿（金堂）

戒壇堂

中門

鏡池

手向山八幡宮

東大寺博物館
とうだいじミュージアム
展出大佛開眼法會時使用的面具、佛像、古代瓦片等珍貴文化財，也時常舉辦特展。
☎0742-20-5511 🏠奈良市水門町100 🕙9:30～17:00（視時期變動）🈺無休（有臨時休館日）🈹500日圓 🅼25D-2

南大門

奈良公園シルクロード交流館

國立博物館

東大寺 とうだいじ
☎0742-22-5511 🏠奈良市雜司町406-1 🕙7:30～17:30（10月至17:00、11～2月8:00～16:30、3月8:00～17:00）🈺無休 🈹大佛殿500日圓、戒壇堂500日圓、法華堂500日圓 🅿利用附近停車場 🚶大仏殿春日大社前巴士步行5分 🅼25D-1

大佛殿後方，由講堂遺址到大佛池、正倉院一帶觀光客不多，是可以靜心散步的好地方。還有許多鹿。

機會難得，不妨好好調查一番
"奈良大佛"

以世界最大的青銅雕塑而廣受矚目。
「為什麼鑄造這銅像？」，更加了解大佛後…
再度驚嘆之餘，不禁雙手合十虔誠參拜。

 首先 來看看大佛的特徵吧。

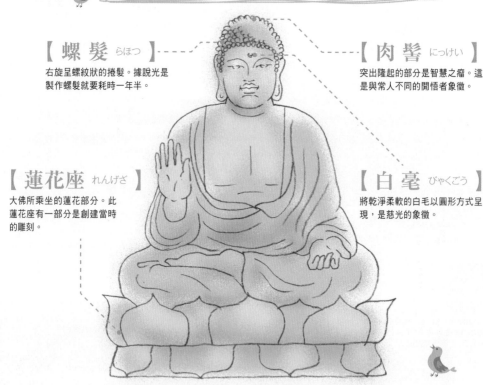

【 **螺髮** らほつ 】

右旋呈螺紋狀的捲髮。據說光是
製作螺髮就要耗時一年半。

【 **肉髻** にっけい 】

突出隆起的部分是智慧之瘤。這
是與常人不同的開悟者象徵。

【 **蓮花座** れんげざ 】

大佛所乘坐的蓮花部分。此
蓮花座有一部分是創建當時
的雕刻。

【 **白毫** びゃくごう 】

將乾淨柔軟的白毛以圓形方式呈
現，是慈光的象徵。

大佛DATA BOX

- 鑄像者　聖武天皇
- 高度　14.85m（創建當時超過16m）
- 重量　創建當時推估為約380公噸
- 螺髮數目　966個
- 一個螺髮直徑　18cm（創建當時）
- 眼長　1m2cm（創建當時為1m18cm）
- 鑄像理由　願世人都能彼此體諒愛護，下
　一代的孩子們散發出生命的光彩
- 鑄像歷時　12年（到開眼法會歷時7年）
- 相關鑄像人數　前後共260萬人
- 原料　銅499公噸 錫8.5公噸 金440萬kg
　水銀2.5公噸

除此之外 還有還有。大佛的「原來如此～」。

●正式名稱為「盧舍那佛」

意思是「光明遍照之佛」。華嚴經裡解釋為以佛光普照世界的佛。

●大佛的鑄造過程

鑄造大佛御旨
743（天平15）年

在基座上用木材及竹子做出骨架，以黏土和石灰等材料塑成模型。

外鑄模完成後取下，削除模型表面，作為內鑄模。

在內、外鑄模之間灌入燒熔的銅液。

大佛開眼供養法會
752（天平勝寶4）年

除去鑄模及周圍的土後，就只剩收尾工作。開眼後仍持續鍍金工程，757年（天平勝寶9）年完工。

●蓮花座的象徵意義

朝上的每一枚花瓣上都雕刻華藏世界圖。整個蓮花座代表著大宇宙。

●一年淨身一次

於每年8月7日的淨身日，由約200位負責淨身的僧侶及相關人士進行清理。

●鑽過鼻孔？

大佛殿內其中一根柱子上的開孔，與大佛鼻孔大小相同。從這裡鑽過去可保佑除病消災。

●注意看中指

兩手中指長度各不相同！代表宇宙智慧的左手約1.5m，代表慈悲的右手約1m。

●難得的免費參拜日

從除夕到元旦及8月15日，大佛殿的窗戶會開啟，可看見大佛的尊容。

壓軸的五重塔及阿修羅像
令人印象深刻的興福寺

從猿澤池眺望奈良的地標五重塔後，
前往可見到奈良美少年・阿修羅像的國寶館。
喜歡佛像的人絕對不能錯過興福寺。

興福寺 為藤原一族的宗廟，過去是香火鼎盛的寺院。目前僅存一小部份建築。過去是有著3座金堂、奈良時代早期四大寺之一的大寺院。存有許多天平時代佛像。是世界遺產。

散步指南

- 需時　40分
- 最佳散步季節　春季和秋季最適合散步。在這兩個季節裡有些建築及佛像會特別開放參觀。
- 活動　立春之日　退鬼儀式（追儺會）／4月17日　放生會／5月第3週五、六　薪御能

從猿澤池遙望
五重塔 國寶
ごじゅうのとう
從池畔遠眺的五重塔，是奈良的代表性風景之一。塔高50.1公尺，威嚴十足。

登上52級階梯
進入寺內。

寺內正在進行整修工程
現在正在進行中金堂重建工程。預計將重現其天平時代的壯麗外觀。

東金堂 國寶
とうこんどう
收藏包括本尊藥師如來在內的多座佛像雕刻傑作。右方為五重塔。

國寶館內
最受歡迎的
還是這一位
三頭六臂的外形，仿佛憂傷的少年般的優美表情。為八部眾立像之一。

就在旁邊
而已。

阿修羅像 國寶
あしゅらぞう
天平時代 乾漆造

國寶館
こくほうかん
收藏包括阿修羅像在內的天平佛像及鎌倉佛像雕刻傑作，非常值得一看。

北圓堂 國寶
ほくえんどう

1210（承元4）年依奈良時代的原型重建。是寺內最古老的建築。

往南走。回頭

南圓堂
なんえんどう

這是西國三十三所觀音靈場中的第九處，香火鼎盛。目前的建築為江戶時代重建。

往寺內西側

往寺內西側

小憩一會

茶粥便當3000日圓（粉另計）

塔の茶屋 とうのちゃや

在五重塔旁的閒靜茶屋中品嘗茶粥便當。 P.44

繼續走就會抵達奈良町。

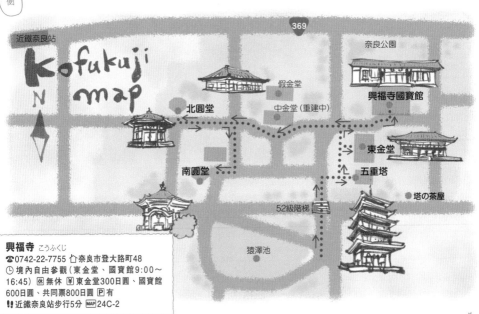

369

近鐵奈良站

Kofukuji map

N

北圓堂

南圓堂

假金堂

中金堂（重建中）

奈良公園

興福寺國寶館

東金堂

五重塔

塔の茶屋

52級階梯

猿澤池

興福寺 こうふくじ
☎0742-22-7755 △奈良市登大路町48
⏰ 境內自由參觀（東金堂、國寶館9:00～16:45）休 無休 ¥東金堂300日圓、國寶館600日圓、共同票800日圓 P 有
‼近鐵奈良站步行5分 MAP 24C-2

興福寺五重塔全年皆有夜間點燈。9月采女祭（ P.15）可欣賞洋溢幽玄氛圍的表演。

興福寺的八部眾像
是佛像界的超級偶像

無論是成長背景、個性、外貌都十分神秘。
因為擁有許多秘密而更令人著迷，
快到興福寺見見嚮往已久的偶像團體八部眾吧。

co-Trip 小知識

首先 來看看阿修羅像的特徵。

阿修羅像
ASHURAZOU

古印度傳說中讓大地乾旱的太陽神，同時也是一位好戰的惡神。但在釋迦牟尼的感化下改邪歸正，成為佛法的守護神

左二手

高高伸向天空的手中現在沒有東西，但據說從前捧著太陽

左右三手

近九十度舉起力道十足的雙手。據說原為左手拿弓，右手拿箭

右二手

雖說不清楚原本拿著什麼，但據說應該是與捧著太陽左二手相反，捧著月亮

第一手

在胸前合掌，呈禮拜姿勢。這不僅代表對他人的尊敬之心，也有一心向佛之意

衣服

衣服上的圖案靈感來自於結合蓮花及牡丹特徵的幻想花卉．寶相花。衣服設計簡樸

什麼是八部眾？

自古印度信仰中的八位神明。據說祂們都是佛法的守護神。放置在734（天平6）年創建的西金堂本尊釋迦如來像周圍，除了阿修羅像之外皆為全副武裝。

身為阿修羅迷無法抗拒！
紀念興福寺創建1300週年組成的阿修羅粉絲俱樂部。會長為佛像迷三浦純。加入就可獲得特製胸章。

除此之外 **也看看全副武裝的七神像吧。**

沙揭羅像
SAKARAZOU

八部眾中相當於「龍」的神，住在水底龍宮，擁有布雨的強大魔力。據說釋迦牟尼誕生時，曾用清淨之水為其祝賀。

緊那羅像
KINNARAZOU

財神毘沙門天的家臣，帝釋天宮中的音樂之神。傳說中是頭頂正面有長角、額頭上有隻眼睛的三眼半神。

乾闥婆像
KENDATSUBAZOU

頭戴獅子冠雙眼輕閉。傳說中會吹簫用音樂供養諸神。

迦樓羅像
KARURAZOU

鳥頭人身，為印度神話中的巨鳥金翅鳥。祂會吃掉一切為害世間的惡，給人們帶來幸福。

鳩槃荼像
KUBANDAZOU

八部眾中相當於「夜叉」的神，可看見嘴巴內的牙齒。身份眾說紛紜，有水的守護神、殘害人類的神、毘沙門天的家臣等。

五部淨像
GOBUJOUZOU

八部眾中相當於「天」的神。胸部以下的部分已不見，頭戴陸地最大動物大象的頭冠。

畢婆迦羅像
HIBAKARAZOU

嘴邊與下顎蓄鬚，吹橫笛供養諸神。雖說是音樂之神，但也有是錦蛇化成的神的說法。

國寶館的夜間參拜每季只有數天。有興趣的人可上興福寺網站確認。

全日本春日大社的總社
也可以祈求良緣唷

位於春日山腳，被原始林環抱其中的春日大社。
除了本社，還有其餘61座附屬神社。
也有可祈求良緣及保佑婚姻生活圓滿的神社。

從這裡出發吧。

春日大社　奈良時代為了守護平城京而建立
的神社，與奈良公園的鹿有密切關係。自古
以來，境內一帶就被視為神域。朱漆社殿顏
色鮮明，陳列有3000座石燈籠並排林立。為
世界遺產。

散步指南

●需時　40分
●最佳散步季節　在林木環繞的境內，初
夏至夏天時節，樹蔭下微風徐徐讓人身
心舒暢。夏天及冬天的萬燈籠點燈時期
也別有一番風情。
●活動　春分之日、8月14・15日　萬燈
籠／12月15～18日　春日若宮御祭

一之鳥居
いちのとりい
與安藝嚴島神社、敦賀氣比神宮並
列為日本三大木造鳥居。

二之鳥居
にのとりい
從這裡經表參道前往本殿。

順道參觀萬葉植物園
まんようしょくぶつえん
園內種植於『萬葉集』中登場約300種花
草，並附上相關的萬葉和歌。
🕘9:00～16:30（11～2月為＝16:00）㊡無休
（12～2月為週一，逢假日則翌日休）¥500
日圓 MAP25E-2

祓戶神社
はらえどじんじゃ
在二之鳥居旁邊的神社。
參拜前先在這裡淨身吧。

穿梭於長滿青苔
的石燈籠間。

風宮神社
かぜのみやじんじゃ
祭祀風神。在紙籤上寫下
願望的「紙籤祈願」200
日圓

南門
なんもん
1179（治承3）年創建，
現為本社的正門。

中央的本殿為國寶。

中門・御廊
ちゅうもん・おろう
隔著中門，向右為東御廊，
向左為西御廊。從這裡進入
本殿參拜。

歡迎入內參拜。

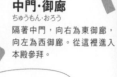

若宮神社
わかみやじんじゃ

供奉智慧之神。以12月舉行的春日若宮御祭聞名。

結緣繪馬800日圓。

萬葉粥1000日圓（稅另計）

春日荷茶屋
かすがにないちゃや

可吃到用白味噌熬煮的萬葉粥。☞P.47

小憩一會

前往尋訪若宮15社。

夫婦大國社
めおとだいこくしゃ

日本唯一祭祀夫妻大國主神祇的結緣之神。

還有很多附屬神社‥‥。

Kasuga taisha map

一之鳥居　春日荷茶屋　萬葉植物園　貴賓館　本殿　春日大社　中門・御廊　南門　風宮神社　寶物殿　祓戸神社　二之鳥居　若宮神社　夫婦大國社　N

春日大社 かすがたいしゃ

☎0742-22-7788　🏠奈良市春日野町160　🕐6:00～18:00（10～3月6:30～17:00、寶物殿9:00～16:30）
🈺無休　💴本殿特別參拜500日圓，寶物殿400日圓
🅿有　📍春日大社本殿巴士站即到　MAP 25F-3

於2月和8月舉行的萬燈籠點燈，共會點起3000座石燈籠及吊掛燈籠，營造出神秘的氛圍。

充滿文藝氣息的高畑
たかばたけ
沉澱心靈度過閑靜時光

感覺得到歲月痕跡的土牆、岔路上勾起懷舊情懷的風景⋯
可以到靠近奈良公園、與鍾愛高畑地區的文豪們有相關的景點，
以及新藥師寺一帶度過知性的一天。

無數名作在這書房中
誕生

莊嚴沉靜的茶室建築

志賀直哉故居 しがなおやきゅうきょ

『暗夜行路』作者的故居

昭和初期，由志賀直哉親自設計，並住了九年的故居。屋內有西式日光室，住在附近的文人畫家常在此集結，被稱為「高畑沙龍」。

☎0742-26-6490 ⚑奈良市高畑町1237-2
🕐9:30～17:30(12～2月為～16:30) 🈲週一(包租需洽詢) ¥350日圓 Ⓟ無 🚶破石町巴士站步行5分 ᴍᴀᴘ25E-3

↑東大寺

鷺池

WC

Ⓟ

志賀直哉故居
P.42 たかばたけ茶論 ⬤ 📷

P.43 あんず舍

高畑町

←
奈
良
町

●頭塔

🔴破石町

🔴そば処 観

P.43 サボン

鹿の子

●八木酒造

P.42 みりあむ

🔴高畑町

満月アンティーク
P.43

奈良教育大附小 🏫

可看見土牆的高畑町一帶

自古以來便為春日大社的社前聚落，至今仍保存著沉靜的街區風貌。是吸引志賀直哉等多位文人的地區。

說不定作家們也曾在這條路上散步

至誠会館 80

奈良教育大 🏫

奈良 "有" 美食
志賀直哉曾說過「奈良無美食」。但今日已有獲得米其林三星的餐廳及美食展等各種美食！

志賀直哉
しがなおや

1883（明治16）年生。為代表近代的小說家之一。在高畑完成的『暗夜行路』為其代表作之一。

可在這裡享受寧靜片刻

奈良公園

吟松
隔夜寺

不空院

香藥師堂　　新藥師寺
入江泰吉紀念
奈良市寫真美術館
　　　鏡神社
カフェフルール

新藥師寺 しんやくじ

供奉最古老十二神將的古刹

創建於747（天平19）年。歇山頂式的國寶級本堂是創建當時的建築。供奉藥師如來及十二神將（皆為國寶）。

☎0742-22-3736 🏠奈良市高畑福井町1352 ⏰9:00～17:00 休無休 ¥600日圓 P有 🚍破石町巴士站步行13分 MAP 25F-4

入江泰吉紀念
奈良市寫真美術館
いりえたいきちきねん ならししゃしんびじゅつかん

透過照片欣賞風情獨具的奈良風光
收藏大和路攝影師的代表・入江泰吉全數作品。
📖P.114

建築為
黑川紀章著手設計

入江泰吉
いりえたいきち

1905（明治38）年生。從戰後便不斷拍攝故鄉奈良的風景，是留下無數名作的攝影師。

據說武者小路實篤及小林多喜二等多位文人，都曾造訪位於志賀直哉故居的「高畑沙龍」。

感受文化氣息之餘
品味好吃又可愛的高畑

在群樹環繞的復古洋房中喝咖啡小憩片刻，
欣賞蔚為話題的可愛小鹿商品及古董，
盡情享受不斷勾起你好奇心的高畑。

CAFE
咖啡廳

たかばたけ茶論
たかばたけさろん

南法普羅旺斯風格的洋房裡
享受盎然綠意中的下午茶時光

西畫家中村雄一開放自家洋房的庭園，作
為下午茶花園。可在此欣賞當季花草，並
品嘗現磨咖啡及使用當季水果做成的手工
蛋糕。

☎0742-22-2922 ⏰奈良市高畑町1247
🕐11:00～18:00 ㊡週二・三 Ｐ無
📍破石町巴士站步行7分 MAP 25E-3

每季不同的蛋糕650日圓
維持超過30年
不變的好味道

店名來自隔壁的
志賀直哉故居

邊閱讀邊品嘗
現磨咖啡550日圓

入口的土牆及庭園深處的洋房列為
國家有形文化財

天氣好的時候可在
露台坐位享受悠閒
時光

みりあむ

享用多年人氣不墜的咖哩

由深愛奈良，決心定居此地的店主親
自裝潢的店家。提供開店以來風味不
變的咖哩，及匈牙利風奶油燉菜。

☎0742-23-3428 ⏰奈良市高畑町840
🕐11:00～20:00（週六・假日為～
18:00）㊡週日 Ｐ無
📍破石町巴士站即到 MAP 25D-4

溫暖手工風格的
小巧咖啡廳

咖哩飯（附葡萄
乾）800日圓。是
微辣的清爽口味

體驗手工藝製作旅行紀念
用毛料做杯墊！也很推薦「サボン」的羊毛氈
手工藝教室。請先用email或電話預約。

FOOD
美食

↑午餐菜單・迷你
花盆全餐1800日
圓。附甜點、飲料

←翻修自屋齡100年
的古民宅老家具風情
獨具

↓造訪位於坡道上的
獨棟建築

花 はな
在復古的日式座位上享用午餐

翻修自古民宅的用餐空間內，可享用使用
大量在地蔬菜烹調的料理。使用鹽麴及酒
釀等發酵調味料，引出食材的美味。

☎0742-24-2178 ⌂奈良市白毫寺町228
⏰午餐11:30～15:00、晚餐17:00～〈週五・
六・日・假日為預約制〉，附設咖啡廳 ㊡週三・
四 🅿有 🚏高畑住宅巴士站步行10分
🗺23E-3

〔右〕小鹿胸針2800日圓（稅另計），以活力
十足的小鹿斑比為靈感〔中〕小鹿屁屁包3200
日圓（稅另計）有深褐色和淡褐色
2種〔左〕把重要的東西柔軟包
起！眼鏡盒3500日圓（稅另計）

SHOPPING
購物

あんず舍 あんずや
溫暖的手工藝品琳瑯滿目

在陽光灑落的店內，陳列眾多簡單樸
實且實用的陶器、原創布製手工藝
品、名信片等種類繁多的商品。

☎0742-23-1706 ⌂奈良市高畑町
1237-7 ⏰11:00～18:00 ㊡週二・三
（逢假日則營業）🅿有 🚏破石町巴士站
步行7分 🗺25E-4

在氛圍溫暖的店內
慢慢尋找中意的商
品

咖啡杯1300日圓
（稅另計）～咖啡
壺6000日圓（稅另
計）等手工風格商
品也不錯

品味高雅的長屋
中，陳列著各種蕾
絲花布、飾品以
及飾品

満月アンティーク
まんげつアンティーク
日常使用的古董

女店主從英國及法國帶回來的古董，
幾乎都僅此一件。細細品味可遇不可
求的感動。

☎0742-24-2508 ⌂奈良市高畑町
840-1 ⏰11:30～18:30 ㊡週二・三，
有臨時店休 🅿1台 🚏破石町巴士站即
到 🗺25D-4

〔左〕英國製小鹿胸針1萬500日圓，小巧
卻醒目〔右〕高雅的顏色及質感令人愛
不釋手，西洋梨胸針1萬5800日圓

サボン
洋溢少女心的羊毛氈小物

羊毛氈創作家生駒姐妹的工作坊＆商
店。緣廊上擺著盆栽的舒適空間及毛
氈小物，療癒人心。

☎0742-31-3433 ⌂奈良市高畑町
1316 ⏰12:00～18:00 ㊡週一・二・三・
四 🅿無 🚏破石町巴士站步行3分
🗺25E-4

精選花朵造型的飾品等藝術家作品

該區有許多小店，如有看到喜歡的招牌就進去看看吧。

溫和的好味道
沁人心脾的茶粥午餐

奈良有種被稱為「おかいさん」的茶粥。
清爽的口感及焙茶茶香
最適合用來舒緩旅途疲勞。

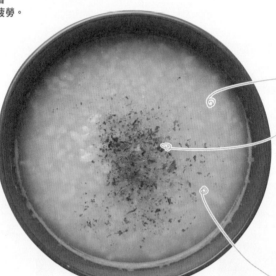

ちゃ がゆ 茶粥

據說原本是東大寺及興福寺僧侶常吃的食物。不知道什麼時候開始變成一般家庭的早餐菜色。現在則為鄉土料理店推出的傳統菜餚。

大和茶
在米下鍋煮約10分後，加入風味絕佳的大和茶粉。可依據個人喜好選用煎茶或焙茶。

抹茶
煮好之後撒上抹茶畫龍點睛。在增添色彩的同時也可增加香氣。

白飯
使用煮得鬆軟可口的奈良產白米飯。一般家庭多使用冷飯。

塔の茶屋
‖ 奈良公園 ‖ とうのちゃや

**在興福寺五重塔旁
欣賞風景享用美食**

使用超過200年以上的古木材建造的茶屋，風情獨具。除了可享用以綠茶、大和茶熬煮的茶粥，附燉煮蔬菜、芝麻豆腐、蕨餅、柿葉壽司的茶粥便當也非常受歡迎。

☎0742-22-4348 ⌂奈良市登大路町47
🕐11:30～21:00（便當為～16:00、懷石為～19:00）休週二（逢假日則改前後日休）
Ｐ無 ‼近鐵奈良站步行7分 MAP 24C-2

奈良公園內風情獨具的建築

附當地蔬菜等的茶粥便當3000日圓（稅外）

在家裡享用茶粥
塔の茶屋有販售附茶葉、茶包的茶粥組。900日圓。可在家享用「奈良的早餐」。

隨著季節品嘗茶粥

時常出現在庶民餐桌上的家常菜茶粥。可以加入甘薯或豆子，夏天則是可以冷食，樂享每季不同的茶粥。

〔上〕附多彩前菜小盤的茶粥膳2100日圓
〔下〕奈良漬商店後面是餐廳

味亭 山崎屋

‖**奈良市區**‖あじていやまざきや

**充滿米花香氣的
奈良漬商店茶粥**

奈良漬老店附設餐廳提供的茶粥。特調焙茶及增添口感的米花香氣四溢。茶粥膳附使用當季食材烹調的前菜小盤，呈現宴席料理般的豪華感。

☎0742-27-3715 🏠奈良市東向南町5
🕐11:15～21:00 🈺週一(逢假日則營業)
🅿無 🍴近鐵奈良站步行5分 MAP24C-2

〔上〕附天麩羅及綜合拼盤的大和茶粥膳2600日圓〔下〕事先預約就可在和室座位用餐

月日亭 近鉄奈良駅前店

‖**奈良市區**‖つきひていきんてつならえきまえてん

**使用行平鍋熬煮
入口即化的淡雅好滋味**

使用奈良產月光米及吉野產焙茶熬煮的大和茶粥膳口感溫和。還附上甜點。使用大和牛的「大和牛肉重」套餐也非常受歡迎。

☎0742-23-5470 🏠奈良市東向中町6
🕐11:00～15:00、17:00～21:00 🈺無休
🅿無 🍴近鐵奈良站即到 MAP24C-2

↑可選擇焙茶或紅豆的茶粥御膳1350日圓
←中庭的美景讓人身心放鬆

茶房 暖暖

‖**奈良町**‖さぼうのんのん

**欣賞中庭景色的同時
悠閒品嘗美食**

位於傳統町家，並附設吧台的茶屋。這裡供應的茶粥御膳很受年輕女性歡迎。用糯米熬煮的茶粥，還附上加入黍砂糖的手工蕨餅。

☎0742-24-9081 🏠奈良市西新屋町43奈良オリエント館内 🕐10:00～17:00(依季節變更) 🈺週一(逢假日則營業)
🅿無 🍴近鐵奈良站步行15分 MAP24C-4

在田村青芳園茶舖（🔗P.70）也有販售「奈良町茶粥組」。推薦給來不及吃的人。

細細品味不變的好滋味
推薦的奈良鄉土料理

讓人想一吃再吃，簡單樸實吃不膩的好味道。
奈良鄉土料理經悠久歷史及當地風土淬煉，
擁有"不加修飾的好滋味"。

柿葉壽司

在醋飯上鋪上鯖魚及鮭魚，再用柿葉包裹的奈良縣南部鄉土料理。柿葉的香氣帶出柔和風味，口味十分清爽。原本是吉野地區夏日祭典的特產美食。

平宗 奈良店
‖奈良市區‖ひらそうならてん
☎0742-22-0866 ⌂奈良市今御門町30-1 ⏰11:00～20:30
（商品販售為10:00～21:00）㊡週一（逢假日則翌日休）Ｐ無 ‼
近鐵奈良站步行10分 MAP24C-3

↑附壽司、茶粥、香魚等的八重櫻3785日圓 ↓柿葉壽司老舖的奈良店位於猿澤池附近的美食街

鯖魚片
使用海鹽醃漬在熊野灘撈捕的鯖魚，再運送到吉野

鮭魚片
使用醋去腥的鮭魚，與鯖魚同為常用的壽司料

柿葉
富含單寧酸（多酚）及維他命，利於存放

醋飯
從醋和米飯的調配可看出店家風格。早期是用白飯

外帶

柿の葉すし本舖たなか なら本店
‖奈良市區‖
かきのはすしほんぽたなかならほんてん
☎0742-81-3651 ⌂奈良市東向中町5-2 ⏰9:30～19:30
㊡無休 Ｐ無 ‼近鐵奈良站即到 MAP24C-2

鯖魚1個120日圓（稅另計）～。
可於附設茶屋內用

ゐざさ中谷本舖 三条店
‖奈良市區‖
いざさなかたにほんぽさんじょうみせ
☎0742-23-0133 ⌂奈良市林小路町17-1 ⏰10:00～19:00
㊡無休 Ｐ無 ‼近鐵奈良站步行5分 MAP24B-2

使用特製釀造醋的傳統風味。
鯖魚10個裝1188日圓

常出現在盛大場合中的柿葉壽司，也曾在谷崎潤一郎的隨筆「陰翳禮讚」中登場。谷崎在文中對其美味讚不絕口。

葛餅

和菓子及日本料理中不可或缺的吉野名產本葛。說到使用高級吉野本葛的經典鄉土料理，自然非葛餅莫屬。葛粉揉成彈性十足的葛餅，最適合和香氣撲鼻的黃豆粉一起享用。

→使用吉野本葛的葛餅，搭配抹茶套餐945日圓
↓空間開闊的2樓座位。四季不同的美景盡收眼底

吉野本葛天極堂奈良本店

‖奈良公園‖よしのほんくずてんぎょくどうならほんてん
☎0742-27-5011 ⌂奈良市押上町1-6 ◷10:00～19:00（商品販售至19:30）㊡週二（逢假日則翌日休）
🅿有 ‼近鐵奈良站步行10分 MAP 25D-1

←加入季節食材的萬葉粥1000日圓（稅另計）↓被深綠林木包圍，位於萬葉植物園旁的茶屋

萬葉粥

用焙茶熬煮的茶粥原本為僧侶素齋，後來成為一般大眾的早餐深入民間。使用昆布高湯及白味噌熬煮的萬葉粥，與茶粥相比又別有一番高雅的風味。

春日荷茶屋 ‖奈良公園‖かすがにないぢゃや

☎0742-27-2718 ⌂奈良市春日野町160 ◷10:00～16:00 ㊡週一（4‧5‧10‧11月無休）🅿無 ♗春日大社本殿巴士站即到 MAP 25E-2

三輪素麵

日本最古老，從1300年前便傳承至今的三輪素麵，被譽為素麵中的頂級品牌。直至今日，風乾素麵的景象依然是三輪冬季特有的風景。也提供柿葉壽司。

→冷素麵900日圓。也提供熱素麵800日圓
在威風堂堂的古民宅內。位於大神神社二之鳥居左側↓

そうめん處 森正

‖山の辺の道‖そうめんところもりしょう
☎0744-43-7411 ⌂桜井市三輪535 ◷10:00～17:00 ㊡週二‧一不定休（逢每月1日及假日則營業）🅿無 🚃JR三輪站步行5分 MAP 11B-4

柿葉壽司的葉子，夏天使用綠葉，冬天則使用鹽漬葉。隨著季節變換，可享受口味及香氣的微妙變化。

蘊含鄉土思慕之情
細細品味大和名產

在奈良有許多保留美好傳統風味，
並加入現代元素的創意料理。
敬請品嘗融合新舊精髓的菜餚。

萬葉便當

香氣四溢的奈良傳統菜餚茶飯，搭
配當季蔬菜及山產野菜燉煮料理、
蒟蒻切片等約20種配菜的宴席風便
當。色彩繽紛的養生便當，賞心悅
目又健康美味。

店家位於藥師寺東邊一
座茅草屋頂的大和棟式
建築之中

田舍料理 草ノ戸
‖西京‖いなかりょうりくさのえ
☎0742-33-3017 ⬢奈良市六条町151 ⏰11:00～
20:00 ㊡週三（逢假日則翌日休）Ⓟ有 🚉近鐵西之京
站步行10分 ㎅22C-3

模仿紅燈籠的器皿十分美麗。2500日圓（稅另計）

奈良產青蔥與大和肉雞壽喜燒風蓋飯

有彈性、有咬勁卻又肉質軟嫩的大和肉雞，加上
奈良產青蔥，以醬油湯底烹煮成壽喜燒風味的蓋
飯。偏甜的口感讓人想起「媽媽的味道」。

鮮嫩的大和肉雞與青蔥的口感十分美味。900日圓（稅另計）

飛魚卵魩仔魚炒素麵

在據說是發源奈良的粗素麵上，加上飛魚卵、魩仔
魚、日本蕪菁等多彩配料。柔韌與爽脆並存的口感讓
人一吃就上癮，是別處吃不到的美味。

充滿原創性的一道菜。800日圓（稅另計）

なら和み館 レストラン&カフェあをがき
‖奈良公園‖ならなごみかんレストランアンドカフェあをがき
☎0742-25-2577 ⬢奈良市高畑町1071 ⏰10:00～
18:00 ㊡不定休 Ⓟ有 🚏奈良ホテル巴士站即到
㎅25D-3

可在なら和み館內附設的
餐廳&咖啡廳享用

大和傳統蔬菜也漸受矚目

除了大和肉雞和大和牛之外，大和傳統蔬菜人氣也直線上升中。大和山藥、紫辣椒、黃金甜瓜等各種個性派蔬菜雲集。

葛粉義大利麵

葛根自古以來就被視為一種珍貴中藥材。從葛根中萃取的本葛粉被譽為白色鑽石，可製成葛饅頭、葛粉條等，是江戶中期以來的平民美食。現在則變身為義大利麵！

添加吉野本葛的創意義大利麵，附沙拉套餐1600日圓

葛粉奶酪

本葛粉不只用來製作和菓子。活用葛粉的獨特風味、黏性、透明度製作而成的牛奶風味甜點，可嘗到吉野本葛高雅順口的美味。

有藍莓、覆盆梅、抹茶、焦糖等口味，葛粉奶酪630日圓

吉野本葛 黒川本家

‖奈良公園‖よしのほんくずくろかわほんけ

☎0742-20-0610 个奈良市春日野町16 夢風ひろば内
⏰11:00～19:00 ㊡不定休
Ⓟ有 ‼近鐵奈良站步行15分
MAP 25D-2

氛圍俐落且沉靜的舒適店內空間

雞茶

白飯加上煙燻大和肉雞、奈良漬、蛋絲等食材，撒上大和茶粉，再淋上熱騰騰的雞湯。是一道茶泡飯風味的佳餚。

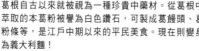

米飯上的食材和大和茶的香氣是絕配。附甜點1600日圓（限午餐時段）

大和肉雞富有咬勁的口感真是美味。套餐1900日圓、御膳2400日圓（限午餐時段）

大和鍋

以牛乳基底的高湯加入豆漿的健康創意料理。口味清爽卻富含層次，巧妙襯托出食材的美味。磨成泥後油炸的大和山藥堪稱一絕。

和処よしの

‖奈良市中心‖わどころよしの

☎0742-35-5819 个奈良市三条本町8-1 奈良日航飯店3F
⏰11:30～14:30、17:30～21:00
㊡無休 Ⓟ有 ‼JR奈良站西口即到 MAP 24A-3

位於奈良日航飯店3F的寧靜店家

由奈良縣負責推廣的「奈良美食」不斷進化中。趕緊上網確認！ http：//www.pref.nara.jp/norinbu/umaimono/

懷舊風情與現代感並存
散步漫遊奈良町

這區不只有江戶晚期到明治時代的町家和老店，
還有咖啡廳和甜點店等話題店家。
不妨前往漫步遊逛這懷舊與摩登並存的街道。

繞整個繞上一圈 **2小時**

稱作「奈良町」的地區
是約1公里見方的狹窄
區域。此區有許多狹窄
的巷弄，以南北向的街
道為指標較容易認路。
這區店家的關店時間很
早，請把握時間購物。

建議出遊Time
10:00-18:00

---

1 元興寺 がんごうじ

這座寺院又被稱為平城京的飛鳥寺，以「古都奈良文化
財」的身份登錄世界遺產。兩棟國寶建築仍保留一部分
日本最古老的屋瓦。

☎0742-23-1377 ♘奈良
市中院町11 ⏰9:00～
16:30 ㉖無休 ¥400日圓
（10月下旬～11月上旬的
特展期間另計）Ⓟ有
‼近鐵奈良站步行15分
MAP24C-3

原本為僧房的
極樂堂及禪室

---

2 奈良町資料館 ならまちしりょうかん

販售知名庚申神的「替身猿偶」護身符。並展示傳統生
活用品、老商店招牌、吉祥天女像等。看到屋簷下垂吊
的奈良町最大的替身猿偶就對了。

☎0742-22-5509 ♘奈良
市西新屋町14-2 ⏰10:00
～16:00 ㉖無休 ¥免費
Ⓟ無 ‼近鐵奈良站步行
15分 MAP24C-4

位於鐮刀狀路口一角

了解町家！
順道去看看吧

今西家書院 いまにしけしょいん

來參觀被列為國家重要文化財的室町時代初期
書院建築吧。可邊欣賞風情獨具的日式庭園邊
品茶。

☎0742-23-2256 ♘奈良市福智院町24-3
⏰10:00～15:30 ㉖週一 ¥參觀費350日圓
Ⓟ無 ‼福智院町巴士站即到 MAP24C-4

↑有著典雅檜木屋頂的書院正門
←大吟釀酒糟冰淇淋600日圓

"地圖上沒有的街區"奈良町

過去佔地寬廣的元興寺境內，有人居住的區域就是「奈良町」的起源。奈良町只是通稱，因此這是地圖上找不到的名稱。

3 庚申堂 こうしんどう

由俏皮的猿猴守門的民間信仰基地。到處都看得到形狀像紅色小球的「替身猿偶」，可代替人們承受災難與疾病，有消災解厄的作用。

☎0742-22-3900（奈良市觀光センター）🏠奈良市西新屋町41 🕐僅外部可自由參觀 🅿無 🚉近鐵奈良站步行15分 MAP 24C-4

猿猴據說是「庚申神」的使者

4 奈良町格子之家 ならまちこうしのいえ

適合作為參觀町家、散步歇腳的絕佳景點。忠實呈現格子窗、土間、箱型樓梯、別具風情的中庭等江戶時代末期的町家風貌，親身體驗當時的生活情景。

☎0742-23-4820 🏠奈良市元興寺町44 🕐9:00～17:00 🈺週一、假日翌日（除週六·日之外）🆓免費 🅿無 🚏田中町巴士站即到 MAP 24C-4

←格局狹長的町家。還有爐灶　↑從格子窗的內側可清楚看見街景

不妨在買伴手禮時
順道去看看

菊岡漢方藥局
きくおかかんぽうやっきょく

創業超過500年的老店。販售整腸健胃的日式腸胃中藥「陀羅尼助丸」，以及各種慢性病中藥處方。

[中藥] ☎0742-22-6611 🏠奈良市中新屋町3 🕐9:00～19:00 🈺週一 🅿無 🚉近鐵奈良站步行15分 MAP 24C-4

「陀羅尼助丸」1080日圓～。有袋裝、罐裝等

吉田蚊帳 よしだかちょう

創業於1921（大正10）年的蚊帳專賣店。送禮自用兩相宜的門簾及抹布等原創商品十分受歡迎。

[工藝品] ☎0742-23-3381 🏠奈良市芝新屋町1 🕐9:00～18:00 🈺週一 🅿有 🚉近鐵奈良站步行15分 MAP 24C-4

奈良町抹布400日圓。蚊帳布製成，十分耐用

寧樂菓子司 中西与三郎
ならかしつかさなかにしよさぶろう

[和菓子] ☎0742-24-3048 🏠奈良市脇戶町23 🕐9:30～18:00 🈺不定休 🅿無 🚉近鐵奈良站步行10分 MAP 24C-3

模仿替身猿偶的「庚申神」280日圓。將其可愛的外形製成和菓子

をかし東城 おかしとうじょう

[西點] ☎0742-26-5567 🏠奈良市中院町20 🕐10:00～20:00（售完即打烊）🈺週三（達假日則營業）🅿無 🚉近鐵奈良站步行12分 MAP 24C-3

奈良町馬德蓮210日圓。媽媽親手烘焙般的溫暖滋味

可利用出租自行車盡情遊逛奈良町大街情小巷。JR奈良站附近有自行車租借處。

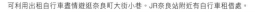

滿滿的當季蔬菜
即使需要預約也想品嘗的午餐

位於奈良町的餐廳及咖啡廳，
多提供使用大量蔬菜烹調的料理。
這難道就是受女性歡迎的祕訣？

現採蔬菜的鮮美滋味
令人感動！午餐御膳
粟 ならまち店
あわならまちてん

可在屋齡130年的古民宅中，享用於總店所在的清澄之里茁壯成長的大和傳統蔬菜。品嘗可感受到陽光與大地香氣的全餐御膳，度過滋潤身心的午餐時光。

和食 ☎0742-24-5699 🏠奈良市勝南院町1 🕐11:30～14:00、17:30～21:00(需預約) 休週二 🅿無 🍴近鐵奈良站步行10分 MAP24C-3

←←粟「收穫祭」御膳2900日圓。附大和牛料理，份量十足。
←忘卻城市的喧囂，讓身心好好放鬆

可感受家常菜的溫度
營養均衡的套餐
ならまち知路留
ならまちちろる

在巷弄深處民家改建的店家，享用使用當地蔬菜的溫馨和式午餐。每天限量供應的「知路留招牌餐」營養滿分。敬請好好品嘗使用安心安全方式栽培的美味蔬菜。

和食 ☎0742-24-4460 🏠奈良市藥師堂町30-1 🕐11:30～15:00(週六為12:00～) 休週三・四・五(有臨時店休) 🅿無 🍴近鐵奈良站步行15分 MAP24C-4

→→知路留招牌餐1300日圓～。當日主菜及4～5樣蔬食配菜
→店內陳列風格沉穩舒適的家具

用合理的價格享用
用心烹調道地的和食

和モダンキッチン にこすたいる

わモダンキッチンにこすたいる

以當季食材入菜的料理頗受好評的和風咖啡廳。可從每月不同的3種主菜中選擇一種，燉煮拼盤等前菜充滿季節特色。畫上大佛拉花的卡布奇諾及甜點也非常受歡迎。

（和食）☎0742-31-1557 ⌂奈良市高御門町13-1 ⏰11:00～17:00、18:30～21:00（晚餐需預約） 休週一（逢假日則翌日休）P有 ‼近鐵奈良站步行10分 MAP24C-4

↑添加麩質的玄米咖哩飯1100日圓
←屋齡90年的町家建築改裝而成

↑每週更換菜色的カナカナごはん1250日圓
←陽光透過格子窗灑落

在舒適的町家咖啡廳
度過悠閒的午餐時光

カナカナ

奈良町的人氣町家咖啡廳。在和式座位享用的「カナカナごはん」，提供每週不同的5、6道菜餚，並附甜點，是十分划算的套餐。味道及份量都讓人心滿意足。

（咖啡廳）☎0742-22-3214 ⌂奈良市公納堂町13 ⏰11:00～20:00（12～2月為～19:30） 休週一（逢假日則翌日休） P有 ‼福智院町巴士站即到 MAP24C-4

↑享用大和當季好滋味的奈良ごはん1260日圓
←大佛卡布奇諾525日圓

使用無添加食材
健康美味的天然菜餚

あしゅーら

有多種使用玄米及零農藥栽培蔬菜烹調而成的菜餚。由於不使用魚和肉，素食者也可放心享用。菜色多彩多姿，有豆腐可樂餅、添加小麥麩質的玄米咖哩飯等。

（天然食品）☎0742-24-0890 ⌂奈良市川之上突抜北方町18-3 ⏰12:00～20:00 休週三・四（有臨時店休）P有 ‼田中町巴士站即到 MAP24C-4

雖然有些沒規矩，但聽店家說，有些客人在用餐後因為太過舒適倒頭就睡著了。

在咖啡廳裡喝杯茶
來份甜點也是相當不錯的選擇

奈良町的町家咖啡廳及甜點店
也很受當地學生及OL歡迎
不妨在這裡尋找讓你心動的店家。

重點是美味的自家烘焙咖啡
及可愛雜貨

❶架上擺滿俄羅斯套娃
❷明亮舒適的店內
❸用心沖泡每一杯咖啡
❹俄國雜貨陳列在可愛的
小屋中　❺蛋糕咖啡套餐
850日圓

ボリクコーヒー

町家咖啡廳「カナカナ」2號店。咖啡豆的烘培工房就
在店裡，可看到追求理想調和咖啡的店主身影。店裡
接近入口處是販賣俄羅斯雜貨的「ロロ」。

☎0742-26-8211　🏠奈良市芝突抜町8-1
🕐13:30～20:00（12～2月至19:30）
🈳週一（逢假日則翌日休）　🅿無
🍴近鐵奈良站步行15分　MAP 24C-4

在可愛的北歐風咖啡廳
享受悠閒時光

❶爬上樓梯到2樓　❷店
主嚴選雜貨琳琅滿目
❸店裡到處都是小鳥
❹核桃乳酪蛋糕400日圓
❺白色木製家具與水藍色
牆壁感覺十分柔和

パトリ cafe／market　パトリカフェマーケット

洋溢溫暖氣氛的咖啡廳。手工甜點及雜貨等別無分號
的原創商品相當值得一看。搭配越橘果醬品嘗的瑞典
風肉丸十分受歡迎。

☎0742-26-8145　🏠奈良市椿井町41 2F
🕐10:00～17:30（雜貨為～18:00）
🈳週三（逢假日則翌日休）　🅿無
🍴近鐵奈良站步行7分　MAP 24C-3

鬆軟的新口感蛋糕

空気ケーキ。

くうきケーキ

用來當作店名的「空氣蛋糕」，有圓潤可愛的外形及軟綿綿無負擔的口感。另供應當季水果蛋糕及烘焙點心等各種品項。

☎0742-27-2828 ⌂奈良市高畑町738-2 ふれあい会館1F ⏰9:00～19:30 休週三（逢假日則營業）P無 🚏破石町巴士站即到 MAP 25E-4

空氣蛋糕1個216日圓
來體驗一下充滿
空氣的口感吧！

還有被月桂樹等綠樹
包圍的內用空間

←←用復古的看板迎
賓 ←店裡擺滿甜點
與雜貨

幸福甜點的寶庫

幸福スイーツ アルカイック

こうふくスイーツアルカイック

這間烘焙甜點專賣店裡，各種五顏六色的馬芬、餅乾、蛋糕琳琅滿目。復古風情的店內也販賣各種讓少女心難以抗拒的手工藝品。

☎0742-24-7007 ⌂奈良市福智院町44-1 ⏰11:00～18:00 休週三 P無 🚉近鐵奈良站步行15分 MAP 25D-4

奈良鹿馬芬350日圓
吃了反而覺得好可惜。共有5種

齊聚一堂的可愛餅乾

珈琲とおかしのじかん tic tack

こーひーとおかしのじかんチックタック

不使用雞蛋、奶油、牛奶的手工餅乾，有添加蔬菜及使用100%全麥麵粉等多種口味。搭配現磨咖啡內用也OK。

☎080-6156-4344
⌂奈良市南市町23-1 Ivory內
⏰11:00～18:30 休週一 P無
🚉近鐵奈良站步行8分 MAP 24C-3

→2013年搬到Ivory內
→←有20種以上的餅乾

雜糧全麥120日圓
小雞與蛋的
100%全麥餅乾

南瓜棒130日圓
南瓜天然的甘甜
十分美味

奈良町有許多新開的咖啡廳及甜點鋪陸續登場。每次都可能有新發現。

可盡情欣賞藝術家的作品
奈良町改建商店

「町家改建商店」保留原本町家的復古氛圍，
年輕的店主們在此開設販售自製雜貨的店家和咖啡廳。
似乎在推開門的瞬間，就能遇見喜歡的那一樣商品。

ならまち工房Ⅰ
ならまちこうぼうワン

1樓及2樓共有7家店的藝術＆休憩空間。可遊逛於各店家，參觀工藝品藝術家的工房兼商店，或在咖啡廳小歇一會都是不錯的選擇。

🏠奈良市公納堂町11 🅿無 🚏福智院町巴士站即到 MAP 24C-4

被燈光吸引，進入小巷深處

SHOP LIST
- Ⓐ 空一歩
- Ⓑ アトリエ桑江
- Ⓒ Zu-Ro design
- Ⓓ toridoribi
- Ⓔ アジア雑貨mimpi
- Ⓕ NAZUNA
- Ⓖ のこのこ

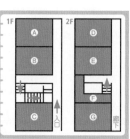

戚風蛋糕400日圓、
咖啡400日圓

のこのこ
可嘗到減糖風味淡雅的手工蛋糕的咖啡廳。還有各種可愛的蘑菇造型雜貨。
☎0742-24-7167 🕐12:00～18:00
🈚週一、四（逢假日則營業）

「NAZUNAちゃん」布偶1800
日圓、束口袋1000日圓～

NAZUNA ナズナ
迷你包包、布偶、手機保護套全是手工製作。挑動少女心的商品琳琅滿目。
🕐僅週六・日、假日午後～傍晚營業

界
かい

巧妙融合町家風情與近代建築的複合式設施。集合了充滿現代感的咖啡廳及商店，以及插花與傳統工藝等風格獨特的店家。

🏠奈良市脇戸町12-1 🅿無 🚏近鐵奈良站步行10分 MAP 24C-3

展現奈良町的新形象

SHOP LIST
- Ⓐ PAOならまち店
- Ⓑ 青紫園
- Ⓒ まちや工房 奈楽
- Ⓓ Jubee
- Ⓔ hanaroji
- Ⓕ TEEPE

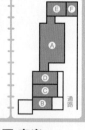
宇治抹茶拿鐵730日圓
附抹茶糖漿

PAOならまち店
バオならまちてん

使用養生食材的紫米午餐非常受歡迎。務必來上一杯咖啡師親手沖泡的咖啡＆拿鐵。
☎0742-24-3056 🕐11:30～17:00
🈚週一（逢假日則翌日休）

替身猿偶賀卡500日圓、牛皮紙製「守護小鹿」300日圓

まちや工房 奈楽
まちやこうぼうなら

主要販售以鹿及替身猿偶等奈良元素為靈感的作品。手工藝小物和卡片琳琅滿目。
☎0742-26-8238 🕐11:00～18:00
🈚週一（逢假日則翌日休）

工房之間有通道
ならまち工房I與II之間有小路互通。正中央為法式餐廳「o・mo・ya」。

ならまち工房II
ならまちこうぼうツー

「ならまち工房I」的姐妹店。1樓有販賣天然礦石飾品及狗狗用品的商店，2樓有古董雜貨等共9間個性店家。

⌂ 奈良市高畑町1097-2 Ⓟ無 🚌 福智院町巴士站即到 MAP 24C-3

感覺就像朋友家一樣親切溫暖

SHOP LIST
- Ⓐ ことあかり洋品店
- Ⓑ doco*ao
- Ⓒ 蓮noito
- Ⓓ ABC-DOGS
- Ⓔ hono-a
- Ⓖ Gallery 9号室
- Ⓗ ぎゃらりー空
- Ⓘ アオアクア

(1F / 2F 店鋪平面圖)

---

doco*ao
ドコアオ

販賣使用透明樹脂及天然礦石的手工飾品。就如店名的水藍、天藍、宇宙藍所示，有各種藍色系商品。

☎ 0742-55-9045 ⏰ 午後～18:00（依季節變動）
㊡ 週一・二（若週一逢假日則週二・三休）

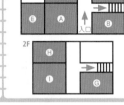

以正倉院為靈感的吊飾1800日圓

合理的價格令人開心

hono-a
ホノア

販賣布製小雜貨的工作室&商店。店內多為重視實用性的商品，例如附面紙套的收納包等。

⏰ 11:00～18:00
㊡ 週一（另有不定休）

↑字母縮寫鑰匙圈大佛款1500日圓～、小鹿款1000日圓～
→小雜貨上的可愛刺繡，光看就覺得開心

ことあかり洋品店
ことあかりようひんてん

激盪少女心！除了店主自己的作品之外，還陳列關西地區5位創作家的手工飾品。好像可以提升女子力。

⏰ 11:00～17:00 ㊡ 週一・二、不定休

鏈子設計十分特別的圓窗型墜鏈3000日圓

頭戴可愛小鹿帽子的大眼娃娃，店鋪限定洋裝套組5500日圓

擺滿可愛單品的店內

水晶胸針900日圓、附墜子蕾絲髮圈800日圓

在奈良町有許多新進作家的店鋪。古老街道與新穎作品結合，感覺非常棒。

在奈良町的舒適空間中
度過享用甜點的美好時光

懷舊空間和時尚店家兼具，
不管哪一家都讓人感覺"內心溫暖"的奈良町店家。
不妨在此享用甜食小憩一會。

很受歡迎！

蒸饅頭與抹茶
945日圓

在隱秘的町家
享用精緻的和菓子

樫舍
かしや

招牌商品為使用最高級吉野本葛及丹波紅豆沙餡製成的葛燒。搭配抹茶的套餐，使用赤膚燒及奈良漆器盛裝。也可外帶喜歡的和菓子作為伴手禮。

☎0742-22-8899 🏠奈良市中院町22-3
🕘9:00～18:00 困無休 🅿有 🚉近鐵奈良站步行12分 MAP 24C-3

抹茶與當季生菓子840日圓

位於狹小巷弄內的町家

手拿喜歡的書
品嘗美味自製餐點

Franz KAFKA
フランツカフカ

這間藝文咖啡廳裡有一整面牆的書架，上面擺滿了卡夫卡全集和寫真集等。可邊閱讀喜歡的書，邊享用店家自製甜點及海南雞飯等各種餐點。

☎0742-93-3442 🏠奈良市毘沙門町3-1
🕘11:30～21:00、五・六為～23:00 困週三
🅿無 🚉近鐵奈良站步行15分 MAP 24C-4

很受歡迎！

書架擺滿店主蒐集的書

西班牙磁磚色彩鮮明

可看見樑柱的天花板令人印象深刻

看到兔子招牌就對了

書架上有福助人偶

手工蘋果派
加冰淇淋500日圓

焦糖橘子聖代450日圓

歡迎光臨能盡情放鬆的家庭風咖啡廳
よつばカフェ

店裡復古的家具洋溢著慢活的舒緩氣息。除了店家手工甜點外，展示空間內陳列不同藝術家製作的雜貨和作品等，個性獨特的單品齊備。

☎0742-26-8834 ⚐奈良市紀寺町954
🕙11:00～18:00 ㉁週二・三 🅿無 ‼️近鐵奈良站步行18分 [MAP]24C-4

懷舊風格讓人心情平靜

使人流連忘返能徹底放鬆的咖啡廳
おうち雜貨カフェ チャポロ
おうちざっかカフェチャポロ

一對母女將位於狹小巷弄的自家住宅改建成店面。脫鞋進屋後，充滿生活感的桌子及沙發並排陳列，隔著窗戶可看見庭院中的綠意。每天早晨現烤的法式鹹派相當受歡迎。

☎0742-22-8261 ⚐奈良市十輪院畑町13-4
🕙8:30～17:30 ㉁週三・四（夏季・冬季有限時店休）🅿有 ‼️福知院町巴士站步行4分
[MAP]24C-4

讓人忘卻時光流逝的開闊空間

巧克力口味茶布丁380日圓

口感極佳的格子鬆餅650日圓

在令人心情雀躍的繪本世界享用夢幻甜點
スルニチコ

咖啡廳的店名是捷克語「太陽」的意思。店內裝潢就像繪本般，使用大量鮮明且繽紛的色彩。可在這裡享用創意甜點、法式鹹派、輕食午餐等品項。

☎0742-26-6890 ⚐奈良市餅飯殿町44ナンコウビル2F 🕙11:30～18:00 ㉁不定休
🅿無 ‼️近鐵奈良站步行8分 [MAP]24C-3

也販售來自捷克等國的海外雜貨

樫舍有販售糯米及三盆糖製成，並烙上季節圖案的煎餅小種。還有萬聖節款唷。

一次參觀2處世界遺產 平城京之西「西京」

如同地名所示，西京位於平城京西邊。
區域內開闊的民宅及田園風光，讓人身心舒暢。
當然絕不可錯過藥師寺和唐招提寺兩個景點。

整個繞上一圈
3小時

建議出遊Time
9:00-17:00

藥師寺及唐招提寺都在近鐵西之京站步行範圍內。不妨從離車站近的藥師寺開始參觀。若有時間也可以順道拜訪可參觀工匠工作現場的「がんこ一徹長屋」。

【藥師寺 やくしじ】

感受1300年的歲月　昭和時代後，金堂與西塔紛紛重建，赭紅的欄杆與金色的鴟尾等，彷彿平城京風華再現。與1300年前建造的東塔相互映襯，美得讓人心醉。

❶被譽為「凝動的樂章」的國寶東塔　❷遠眺藥師寺。兩座的背景為若草山　❸改建的金堂採用白鳳文化的華麗色彩　❹供奉三藏法師的玄奘三藏院。由畫師平山郁夫所繪、長49m的大壁畫，每年公開展出3次

藥師寺 やくしじ
☎0742-33-6001　△奈良市西ノ京町457　◷8:30～16:30
㊡無休　¥800日圓（玄奘三藏院開放期間）　Ｐ有　🚃近鐵西之京站即到　MAP22C-3　※國寶東塔至平成30年為止拆解維修中

小憩一會

晚餐全餐（8000日圓）一例。非常受歡迎・需預約

ARISTRANTE AMRIT
リストランテアムリット
享受色香味俱全的一品
店家就位在藥師寺周邊。提供使用大和蔬菜及當地食材烹調的義大利菜。

☎0742-32-5777　△奈良市六条町410
◷11:00～14:00、17:30～21:00　週二休
Ｐ有　🚃近鐵西之京站步行10分　MAP22C-3

小憩一會

自選口味7個350日圓

Ⓑ銀 ぎん

名產西京糰子

糰子有小倉紅豆、艾草、抹茶、黑芝麻等共5種口味。

☎0742-34-8075 ⌂奈良市西ノ京町372-2 🕒10:00～17:00 休週一 P有 🚉近鐵西之京站即到 MAP22C-3

現正維修中

藥師寺東塔是目前現存建築物中唯一建於奈良時代的建築。目前正拆解維修中，預計2018年完成。

【唐招提寺 とうしょうだいじ】

鑒真創建的學問之寺　795（天平寶字3）年唐朝高僧鑒真所創建的寺院。在林木環繞的寺內，國寶金堂、講堂、寶藏等建築安靜矗立，至今仍能感受到鑒真對佛教一片赤誠的心。

1出現在小說「天平之甍」中著名的金堂。於平成大修理中修復完畢　2初夏時蓮花為樸素的寺內增添色彩　3學習佛教戒律的講堂。是現存唯一的宮殿架構　4微微外鼓的南大門門柱。是從絲路傳來的樣式

小憩一會

販賣奈良漬（1袋1080日圓～）及藥師味噌（1袋648日圓～）

Ⓒ本家寿吉屋 ほんけじゅきちや

道地的奈良漬專賣店

販賣芹菜及哈密瓜等各種口味奈良漬。藥師味噌也是該店名產。

☎0742-34-8117 ⌂奈良市西ノ京町392-2 🕒9:00～17:00 休無休(1月中旬～2月底為週四休) P有 🚉近鐵西之京站步行3分 MAP22C-3

唐招提寺 とうしょうだいじ

☎0742-33-7900 ⌂奈良市五条町13-46 🕒8:30～16:30 休無休 ¥600日圓 P有 🚉近鐵西之京站步行7分 MAP22C-3

以若草山為背景的藥師寺遠景，是奈良的代表景色之一。可隔著近鐵西之京站西側的大池欣賞。

尋找自己喜歡的佛像
佐保·佐紀路微旅行

小巧精緻的正門與本堂、以及老朽的土牆。
在人影稀疏的古寺裡，美麗的佛像悄然佇立。
安靜地雙手合十，與佛像對話，也是不錯的旅行體驗。

整個繞上一圈 **5小時**

建議出遊Time
9:00-17:00

寺院分布的範圍較廣，搭乘巴士比較有效率。先搭巴士到不退寺，就可步行參觀附近的海龍王寺與法華寺。在近鐵西大寺站租借自行車也是不錯的選擇。

不退寺的
[重文／平安時代]
聖觀音立像
しょうかんのんりゅうぞう
業平的理想女性像
據說是平安時代歌人在原業平，依自己心目中的理想女性為原型親手雕刻的艷麗雕像。

法華寺的
[國寶／平安時代]
十一面觀音立像
じゅういちめんかんのんりゅうぞう
洋溢慈愛的光明皇后身影
據說是依篤信佛法、以美貌聞名的光明皇后橫渡蓮池的身姿雕刻而成。
●僅3月20日～4月7日、6月5日～10日、10月下旬～11月上旬公開

> 奈良時代就存在的
> 佐保·佐紀路
> 「佐保·佐紀路」是奈良時代穿過都城北邊的道路。據說當時為朝廷達官貴族宅邸林立的"高級住宅區"。

以花之寺聞名

1 不退寺 ふたいじ
據說為847（承和14）年，在原業平為悼念亡父所建造的寺院。

☎0742-22-5278 🏠奈良市法蓮町517 ⏰9:00～17:00 🈚無休 ¥400日圓（特展500日圓）🅿有 🚏一条高校前不退寺口巴士站步行5分 MAP23D-2

步行15分（巴士5分）

江戶時代將講堂改為本堂沿用至今

2 法華寺 ほっけじ
奈良時代，光明皇后為父親藤原不比等的宅邸舊址興建的寺院。為日本國分尼寺總代，香火鼎盛。

☎0742-33-2261 🏠奈良市法華寺町882 ⏰9:00～17:00 🈚無休 ¥700日圓（特別參拜費用另計）🅿有 🚏法華寺前巴士站步行3分 MAP22C-2

步行即到

地圖標示
⑤秋篠寺
京都站
秋篠寺
奈良競輪場
秋篠三和町
西大寺北1
近鐵奈良線
西大寺
GOAL 近鐵ジャスコ 二条町
本坊
愛染堂
光明殿
華藏院
東塔遺院
西大寺自行車中心
平城宮遺址資料館
第一次大極殿正殿·前庭
平城宮遺址
成務天皇 狹城盾列池後陵
華仁天皇皇后 日葉酢媛命狹木之間陵
52
稱德（孝謙）天皇陵
御前池
橫田福榮堂
佐紀駐在所
佐紀町
水上
平城天皇陵
佐紀盾列池西陵
平城宮
104
佐保町
遺址展示館
平城宮遺址
近鐵橿原線
橿原神宮前站
朱雀門

1300年前的奈良時代
原為繁華都城中心的宮殿遺址

平城宮遺址
へいじょうきゅうせき

正門朱雀門

奈良都城，平城京中心地區遺址。在東西、南北各1公里以上的廣大腹地內，矗立著復原後的正門朱雀門、舉行儀式的第一次大極殿、舉辦宴會的東院庭園、宮內省等建築。

☎0742-30-6753（奈良文化財研究所）⌂奈良市佐紀町 ¥自由參觀
Ⓟ有 ⌂近鐵奈良駅搭奈良交通巴士18分，平城宮跡下車即到 MAP22C-2

海龍王寺的 [重文／鎌倉時代]
十一面觀音像
じゅういちめんかんのんりゅうぞう

金碧輝煌的華麗秘佛

據說為仿照光明皇后親手雕刻的觀音像製作而成，手持蓮花。直至昭和28年為止都是不公開的秘佛。

●僅3月下旬～4月上旬、5月1日～9日、10月下旬～11月上旬公開（公開日期為每年不同）

西大寺的 [重文／鎌倉時代]
愛染明王坐像
あいぜんみょうおうざぞう

將人類的愛欲轉化為清淨之心

雖說擁有全身赭紅、怒髮衝冠的外貌，但圓潤的臉頰又十分親民。

●僅10月25日～11月15日、1月15日～2月4日公開

[重文／頭部 天平時代、身體 鎌倉時代]

秋篠寺的
伎藝天立像
ぎげいてんりゅうぞう

神秘的"東洋繆思女神"

日本唯一的伎藝天像。充滿神秘感，被譽為"東洋謬斯女神"。

迎接訪客的風雅正門

3 海龍王寺 かいりゅうおうじ

為求永遣唐使航行安全，於8世紀初創建的寺院。今日也有學生會在出國留學前去參拜。

☎0742-33-5765 ⌂奈良市法華寺北町897 ◷9:00～16:30 ㊡8月12～17日、12月25～31日（天候不佳時則不開放）¥400日圓（十一面觀音特別參拜時期500日圓）
Ⓟ有 ⌂法華寺北町巴士站即到 MAP22C-2

江戶時代重建的本堂

4 西大寺 さいだいじ

於765（天平神護元年）年創建的西之大寺。當時擁有與東大寺同樣的規模。

☎0742-45-4700 ⌂奈良市西大寺芝町1-1-5 ◷8:30～16:30（愛染堂9:00～）㊡無休 ¥本堂400日圓、四王堂300日圓、愛染堂300日圓 Ⓟ有 ⌂近鐵大和西大寺駅步行3分 MAP22B-2

鎌倉時代重建的本堂為國寶

5 秋篠寺 あきしのでら

奈良時代所建最後的敕願寺。國寶級本堂為天平建築樣式中的廡殿頂式建築。

☎0742-45-4600 ⌂奈良市秋篠町757 ◷9:30～16:30 ㊡無休 ¥500日圓 Ⓟ有 ⌂近鐵大和西大寺駅搭奈良交通巴士7分，秋篠寺下車即到 MAP22B-1

巴士7分+步行5分

步行5分+巴士9分

開車前往時，以平城宮遺址周圍數個停車場為據點，在附近散步也不錯。

想將奈良伴手禮一次買齊
就交給 "車站商店街"

想購買奈良伴手禮，就到奈良首屈一指的鬧區。
從JR近鐵奈良站一路延伸的獨特街道上
販售工藝品和特產的店家林立。

近鐵奈良站下車後就先到這裡
直通車站的近鐵大樓1樓設有「綜合觀光服務處」。可在此索取市內觀光地圖及各種傳單、小手冊等。

そば切り 夜月 (蕎麥麵)

ANNE-MARIE CAFE (咖啡廳)

きてみて ならSHOP P.67

奈良縣廳

近鐵奈良駅

東向

369

県庁前

県庁前

県庁東

近鐵奈良站

ビストロ・クレール (法式料理)

近鐵大樓

奈良山本珈琲館 (咖啡廳)

春日ホテル

興福寺

奈良公園

靴下屋

BISTRO SQUARE (法式料理)

麻布おかい

（小西商店街）

小西通

小西さくら通

PONTE ROSSO (義式料理)

コトモール

東向通

近鐵奈良站出站即到的拱頂商店街。由於原本建築的入口向東，因而得名。總是人來人往十分熱鬧。

千代の舎 竹村

一の鳥居前

西本店 P.70

也田含香堂 P.67

ぜいたく 豆本舗 P.70

山崎屋 P.71

TRATTORIA piano (義式料理)

菊水楼

一心堂 P.66

.68あぶらとり紙専門店

ひより総本店

P.70萬々堂通則

三楽洞 P.68

手ぬぐい専門店 朱鳥

猿澤池

遊 中川 本店 P.66

中川政七茶房

飛鳥荘

パトリ cafe/market (咖啡廳)

もちいどの通

魚佐旅館

猿沢荘

古梅園

バーマンズチョコレート

椿井小

奈良飯店

P.69藤田芸香亭

プリン80 (咖啡廳)

Ivory P.67

據說是奈良最早的商店街。可在左右延伸的巷子裡尋找各種個性小店，能夠來趟奈良深度之旅。

奈良太陽大飯店

169

66ねっとわーくぎゃらりーならっぷ

下御門通

P.70田村 青芳園茶舗

奈良ホテル

接續もちいどの通的街道，穿過就可抵達奈良町。街上有二手衣店及鞋店等各種與當地生活相關的店家。

福智院町

福智院

奈良町

這區除了咖啡廳，還有許多法式及義式餐廳。可在此喘口氣散散步。

奈良／車站商店街

65

奈良伴手禮
尋找獨一無二的紀念品

越用越喜歡的奈良優質伴手禮。
只有外出旅行才找得到
要不要買些精緻小品作為伴手禮呢？

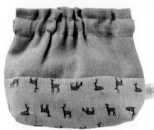

小圖樣束口包1300日圓（稅另計）。放小東西非常方便

傳統素材及花紋與玩心的結合

有漂亮花草唐紋的圖樣
零錢包1400日圓（稅另計）

遊 中川 本店
ゆうなかがわほんてん

江戶時代傳承至今的奈良晒老鋪「中川政七商店」旗下的布製品品牌。販售使用高級麻布製做的手提包及生活用品，此外還有小鹿商品。

☎0742-22-1322 🏠奈良市元林院町31-1
🕐10:00～18:30 🈚無休 🅿無
🍴近鐵奈良站步行8分
MAP 24C-3

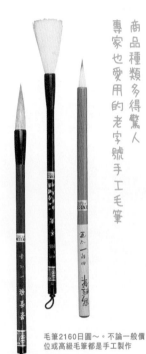

專家也愛用的老字號手工毛筆

商品種類多得驚人

毛筆2160日圓～。不論一般價位或高級毛筆都是手工製作

一心堂
いっしんどう

提供大小不同的300種毛筆及約100種墨，並接受訂製。還可訂製使用嬰兒胎毛製成，做為出生紀念的「胎毛筆」。

☎0742-23-2381 🏠奈良市上三条町3-9
🕐9:30～19:00（週日、假日10:00～18:00）🈚無休 🅿有 🍴近鐵奈良站步行5分 MAP 24B-3

設計多樣、紙拉門材質地書衣·文庫本大小972日圓～

紙拉門材質書籤（3張裝）432日圓。細膩的和風花紋十分美麗

用紙拉門材質製作手感舒適的伴讀小物

ねっとわーくぎゃらりー ならっぷ

販售應用奈良蚊帳製作公司技術製作的原創商品。使用蚊帳布料的抹布、紙拉門材質的書衣、文具雜貨等應有盡有。

☎0742-22-8851 🏠奈良市光明院町3
🕐10:00～19:00 🈚無休 🅿無 🍴近鐵奈良站步行7分 MAP 24C-3

歷史悠久的奈良傳統工藝品
以精細手工及高度技術製作的奈良精品，是在擁有悠久歷史的風雅社寺、茶道及能樂、墨筆等傳統文化薰陶的環境下完成的。

陶醉在純手工繪製的美麗圖樣中

奈良團扇2160日圓～。有美麗正倉院花紋透視雕刻的上正（天平花紋）4320日圓

奈良繪扇（女用）3456日圓。背面繪有鶴龜＆松竹梅的圖樣

背後有奈良大佛！圖案十分療癒的暖心T恤

大佛T恤4698日圓。可愛的「奈良大佛」就印在背後

平常也可使用繪上可愛奈良繪質感圓潤的赤膚燒

赤膚燒茶杯3000日圓（稅另計）～。溫暖的紅土質感是其魅力所在

池田含香堂
いけだがんこうどう

創業150年，持續製作奈良團扇與扇子的老字號。天平花紋和奈良風景鏤空雕刻等，全都是手工完成，既美觀又耐用！

☎0742-22-3690 ⌂奈良市角振町16
🕐9:00～19:00 ㊡無休（9～3月為週一休）
Ⓟ無 ‼近鐵奈良站步行5分 MAP 24B-2

Ivory
アイボリー

可買到奈良當地藝術家武內祐人商品的展售商店。販售大佛及阿修羅像手機吊飾、名信片等種類豐富的商品。

☎0742-20-1210 ⌂奈良市南市町23-1
🕐11:00～19:00 ㊡週一（逢假日則營業）
Ⓟ無 ‼近鐵奈良站步行8分 MAP 24C-3

きてみてならSHOP
きてみてならショップ

展售包括一刀雕工藝品及毛筆、老店名點等約3000種當地特產的商店。其中奈良傳統赤膚燒，有小碟子到酒杯等多種選擇。

☎0742-26-8828(奈良県産業共励会)
⌂奈良市登大路町38-1 奈良県商工観光館內 🕐10:00～18:00 ㊡週一（逢假日則翌日休）Ⓟ無 ‼近鐵奈良站即到 MAP 24C-2

解說並展示奈良傳統工藝品的「奈良工藝館」（ P.64）就位於奈良町。也有販售工藝品喔。

雖說真的鹿帶不走
還是想將可愛的"小鹿"帶回家

說到奈良，就會想到鹿！
購買可愛的商品當作伴手禮
回家後還可沉浸在旅途的回憶裡。

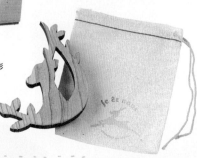

②

平常也能使用
簡單可愛的
原創鹿配件

①

從浪漫的
愛心中浮現的
小鹿剪影

鹿印章
350日圓S（稅另計）、
650日圓M（稅另計）
眼睛圓圓的小鹿、小鹿剪影
…等，有各種不同圖樣

吉野杉製鹿胸針
2600日圓（稅另計）
可看見美麗的杉木紋的配
件。可買來別在披肩上

③

方便好用
設計出色的
吸油面紙

書籤
375日圓
隱藏在精緻花紋中的鹿剪影
十分美麗。另外還有金色和
銀色款

吸油面紙 奈良系列
攜帶式350日圓（稅外）大
張450日圓（稅外）
以萬燈籠及燈花會等奈良風
光為背景加上小鹿，是奈良
限定商品

PuchiBabie
繪匙圈　730日圓
受歡迎的小鹿娃娃。有水
滴、碎花、格子等花紋任
君挑選

三楽洞
さんらくどう

☎0742-22-2075　🏠奈良市樽井町7
🕘9:30～21:30　㊡無休　🅿無　‼近鐵奈良站
步行5分　MAP 24C-3

je êt nous
ジュエヌ

☎0742-26-1868　🏠奈良市西城戶町24 貝本
ビル4F　🕘11:30～16:00（週六・日為～
18:30）　㊡週一（有臨時店休）　🅿無　‼近鐵
奈良站步行10分　MAP 24B-3

あぶらとり紙専門店 ひより総本店
あぶらとりがみせんもんてんひよりそうほんてん

☎0742-20-0077　🏠奈良市橋本町28
🕘10:00～19:00　㊡無休　🅿無　‼近鐵奈良
站步行3分　MAP 24C-3

關於奈良的鹿，也有一段歷史
奈良鹿的由來，據傳是在春日大社創建時，祭神乘著白鹿而來。直到今日奈良鹿依然被視為神使並加以保護。

④
白雪帆布口金收納包
2592日圓
大型的口金收納包，可用來放化妝品或文具。耐用的材質令人放心

摩登收納包
方便好用的
耐用材質製成

⑥
從書本中探出頭來
讀書時間良伴

鹿書籤
一張237日圓
將手織麻布染上沉穩色調，再剪成鹿剪影形狀的書籤。

⑤
惹人憐愛的表情
讓人忍不住心動
可愛的小鹿兄弟

五色鹿
5隻一組1620日圓
傳統鄉土玩具，一隻僅3公分的迷你尺寸。表情十分討人喜歡。

---

④
白雪ふきん
しらゆきふきん

☎0742-22-6956 　⌂奈良市南紀寺町5-85
🕐10:00～17:00 　㊡週日、假日、週六不定休
Ⓟ有 　🚏南方町巴士站步行3分
🗺23E-3

⑤
藤田芸香亭
ふじたうんこうてい

☎0742-22-2082 　⌂奈良市光明院町12
🕐11:00～18:00 　㊡週四(另有不定休) 　Ⓟ無
🚶近鐵奈良站步行7分 　🗺24C-3

⑥
Ban-INOUE 東大寺店
バンイノウエとうだいじてん

☎0742-27-1010 　⌂奈良市春日野町16 夢風ひろば内
🕐10:00～19:00 　㊡不定休
Ⓟ有 　🚶近鐵奈良站步行15分
🗺25D-2

春日大社（🗺P.38）有可愛的木雕鹿籤（500日圓），廣受鹿粉絲們歡迎。

想看到大家開心的表情
買奈良美食當作伴手禮

邊想著親友們邊選禮物，
雖說是件愉快的事，但意外地不容易。
如果選這個他們一定會喜歡…的滋味就在這裡。

選擇
傳統的
美味

奈良漬

945日圓～
（綜合瓜類切片）
絕不添加人工調味料，使用酒糟醃漬3～15年以上，可嚐到純正奈良漬的深度風味

今西本店
いまにしほんてん

☎0742-22-2415 🏠奈良市上三条町31
🕘9:30～18:45（週日、假日為～18:00）
㊡週三、每月第3週日 🅿有 ‼近鐵奈良站步行5分 MAP 24B-2

伏兔饅頭

1個216日圓
靈感來自春日大社供品，唐菓子「伏兔」。古早味包餡甜甜圈!?

萬々堂通則
まんまんどうみちのり

☎0742-22-2044 🏠奈良市橋本町34
🕘9:00～19:00（週四10:00～17:00）
㊡週四不定休 🅿無 ‼近鐵奈良站步行5分 MAP 24C-3

大和茶

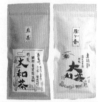

煎茶・雁之音100g 1袋600日圓
在日本國內以優質聞名的大和茶。另售可在家煎茶粥的組合

田村青芳園茶舖
たむらせいほうえんちゃほ

☎0742-22-2833 🏠奈良市勝南院町18
🕘10:00～17:00 ㊡週三 🅿無 ‼近鐵奈良站步行10分 MAP 24C-3

零食

1袋108日圓～
內有外形像雪人的「福雪人」等多種可愛懷舊零食

ぜいたく豆本舗
ぜいたくまめほんぼ

☎0742-22-6061 🏠奈良市角振町24
🕘10:00～19:00 ㊡無休 🅿無 ‼近鐵奈良站步行3分 MAP 24B-2

和菓子

蕨餅 1盒565日圓
將蕨粉與地瓜粉用祖傳秘方的比例調和。口感Q彈又入口即化的口感

千壽庵吉宗 奈良総本店
せんじゅあんよしむねならそうほんてん

☎0742-23-3003 🏠奈良市押上町39-1
🕘9:00～18:00 ㊡無休 🅿有 ‼近鐵奈良站步行12分 MAP 25D-1

本葛湯

1袋210日圓～
僅使用純正吉野本葛
散發微微甘甜、讓你沉醉在透明感與美麗的光澤中

吉野本葛 黑川本家
よしのほんくずくろかわほんけ

☎0742-20-0610 🏠奈良市春日野町16 夢風ひろば內 🕘11:00～19:00 ㊡不定休
🅿有 ‼近鐵奈良站步行15分
MAP 25D-2

會讓女性開心的人氣甜點

引以為傲的悠久歷史及深度風味

不論是見於奈良時代文獻的奈良漬，或是9世紀空海從唐朝帶回茶種及製法的大和茶等，奈良風味蘊藏著深厚的歷史。

奈良／奈良美食伴手禮

布丁

まほろば大佛布丁
830日圓
驚人的大尺寸！
有卡士達及大和茶這
2種口味

白鹿布丁420日圓
純白的布丁
擁有入口即化的滑順口感

まほろば大仏プリン本舗
東大寺門前 夢風ひろば店
まほろばだいぶつプリンほんぽとうだいじもんぜんゆめかぜひろばてん

☎0742-24-3309 ⬆奈良市春日野町16
🕘9:30~19:00(依季節變更) 🈺不定休 🅿
有 🍴近鐵奈良站步行15分 MAP25D-2

巧克力

大和茶生巧克力　3顆594日圓
用大和茶與酒加入濃厚可可粉中調成的
生巧克力。大和茶風味絕佳

バーマンズチョコレート

☎0742-20-5677 ⬆奈良市餅飯殿町42-1 オーケストビル2F 🕘10:30~18:00 🈺不定休
🅿無 🍴近鐵奈良站步行8分 MAP24C-3

瑞士卷

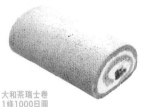

大和茶瑞士卷
1條1000日圓
使用奈良產米粉，拌入茶香撲鼻的大和茶蛋
糕質地鬆軟。也可內用

PATISSERIE KARAKU
パティスリーカラク

☎0742-22-0050 ⬆奈良市杉ヶ町73
🕘10:00~20:00 🈺無休 🅿有 🍴JR奈良站
步行10分 MAP24B-3

莎布雷餅乾

小鹿莎布雷　8片裝648日圓
酥脆的口感及懷舊的甘甜風味，
令人忍不住一片接一片

横田福栄堂
よこたふくえいどう

☎0742-33-0418 ⬆奈良市二条町1-3-17
🕘9:00~17:00 🈺週日 🅿有 🚃近鐵大和西
大寺站步行8分 MAP22C-2

年輪蛋糕

校倉年輪　1條1600日圓
以校倉造為靈感的蛋糕。
使用零農藥栽培的大和茶，一層一層烤好疊上

フランス菓子 ラ・ポーズ
ふらんすがしラポーズ

☎0742-33-8728 ⬆奈良市芝辻町2-11-1
ホテル・葉風泰夢1F 🕘10:00~19:00
🈺不定休 🅿有 🚃近鐵新大宮站即到
MAP23D-2

莎布雷餅乾

奈良漬莎布雷　8片裝630日圓
將奈良漬拌入餡料中烘烤的莎布雷餅乾。
可聞到淡淡的奈良漬香氣

山崎屋
やまざきや

☎0742-22-2986 ⬆奈良市東向南町5
🕘9:00~21:00 (1・2月為~20:30) 🈺無休
🅿無 🍴近鐵奈良站步行3分
MAP24C-2

名為「くるみの木」的
奈良迷人咖啡廳

在當地也有眾多擁護者，甚至有客人每周都來報到。
首創奈良咖啡廳合併雜貨商店的「くるみの木」，
是一間洋溢悠閒氣氛，被綠意包圍的小巧獨棟店家。

是怎樣的店呢？

在1984年，在"咖啡廳"這名稱還不普
遍的年代，一位女性店主選擇在此開業。
事實上，店主在上國中前的日記裡，就曾
寫下「我的夢想是開一家可讓小朋友、老
爺爺、老奶奶們都能放鬆享受的店，取名
叫『くるみの木』」，這間店就是她夢想
的實踐。除了咖啡廳之外，另附設雜貨商
店，有各式各樣的人來訪。

くるみの木 くるみのき
‖平城宮遺址·西大寺周邊‖

☎0742-23-8286 ⌂奈良市法蓮町567-1
⏱11:30～17:00(週五～日至20:00) ※午餐售
完為止 ㊡第3週三 ♔近鉄奈良駅搭奈良交通
巴士10分，教育大付屬中學校前下車，步行3
分 ⓟ有 ᴹᴬᴾ23D-2

CAFE
咖啡廳

健康取向風味的
每週午餐非常受歡迎

可感受到木頭溫度的自然空間。除了
使用當季水果的蛋糕等甜點，也有許
多人是為了大量使用當季食材的每週
午餐而來。有時會在開店前就大排長
龍，是讓人忍不住久坐的店家。

附飲料的
くるみの木午餐1620日圓

從開業當時就沒變過
樸實溫暖的空間

暖陽照耀的午餐時
光。雖說不開放訂
位，但有開放訂餐，
可多加利用

有如室內設計範本的店內

ZAKKA
雜貨

精選雜貨琳瑯滿目
「zakka cage」

店裡有許多讓人愛不釋手的用品。有來自全國各地的廚房用品、奈良美食等應有盡有。店家原創番茄醬與果醬也非常受歡迎。

小小的空間中塞滿各式各樣的雜貨

讓人忍不住想拍張照的精巧擺設

由師傅一片片精心烘烤的手工煎餅920日圓

也可找到想買的奈良伴手禮

FASHION
流行時尚

販售洋裝和小物的
「ノワ・ラスール」

位於咖啡廳深處的洋裝店。商品以使用天然材料製成，穿起來舒適的衣服為主。有n100、homspun、SUN SHINE+CLOUD等品牌。

襪子「絹與綿」2200日圓

除了簡單色系之外也有色彩鮮艷的商品

各種釦子　350日圓～

受歡迎的番茄醬和果醬等原創食品也有提供郵購。

奈良／迷人咖啡廳くるみの木

在夢寐以求的奈良飯店
度過美食與閒適的一夜

1909（明治42）年創業的關西迎賓館。
長久以來受到全世界VIP喜愛的奈良飯店，
映入眼裡及吃進嘴裡的，都是最頂級的。

隔著荒池眺望奈良飯店。建築與綠蔭融為一體，風情獨具

奈良飯店是關西首屈一指的名門飯店。由經手東京車站及日銀總行的辰野金吾設計，是採用桃山御殿風格的高雅檜木建築。位於奈良公園內，可以享受到四季不同的奈良風情。

奈良飯店 ならホテル
☎0742-26-3300 ⌂奈良市高畑町1096
IN15:00　OUT11:00　Ｐ有　🚌奈良ホテル巴士
站即到　MAP 24C-3

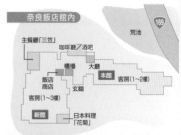

奈良飯店館內

奈良飯店的豪華歷史 1909（明治42年）開業，為關西迎賓館。愛因斯坦、海倫·凱勒、奧黛利·赫本都曾造訪。

推薦住宿方案

在此欣賞四季的變化和美景，讓身心徹底煥然一新。以合理的價格盡情享受古都之美。
「2連泊 奈良輕鬆住宿 附早餐」
2泊 26000日圓～
（2人1室時的一人費用）

走 出發吧。

坡道
從正門爬上緩坡，來到正面玄關。

往本館
檜木建築風格的本館。洋溢日本建築之美。

大廳「櫻之間」
小憩一會。古董水晶燈及沙發營造出莊嚴的氛圍。

櫃檯
在check-in的瞬間，成為這古典空間的一員。

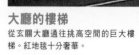

大廳的樓梯
從玄關大廳通往挑高空間的巨大樓梯。紅地毯十分奢華。

那位博士曾彈奏的鋼琴
1922（大正11）年，愛因斯坦博士蒞臨奈良飯店。在大廳的「櫻之間」，可看到博士當時曾彈奏的鋼琴。

客房
本館2樓的標準雙床房。
設備新穎，卻保有創業當
時的氛圍。

1樓走廊
下到1樓前往主餐廳。
門的另一側是什麼樣的
世界呢…？

晚餐
享用傳統法式料理晚餐。

餐廳
和風水晶吊燈熠熠生輝的主餐
廳「三笠」。

酒吧
飯後到酒吧度過
大人的時間。

一定會再
光臨。

晚安。

早餐
品嘗鄉土料理茶粥
做為一天的開始。

本館客房全面禁煙。天花板挑高，洋溢古典氣息的閒適空間。

深呼吸，放輕鬆
「秋篠の森」是難得的隱秘飯店

僅限兩組客人的飯店，採預約制的餐廳，並附設藝廊，
這是重視所有人與物的地方。
在森林中的短暫停留，一定能為你帶來明天的好精神。

なず菜
なずな

提供應用當季大和蔬菜、吉野葛粉蕎麥麵等奈良物產的創作料理。菜單內容為每月更換菜色的全餐。

☎0742-52-8560 ⓛ11:00～12:30、13:00～14:30、19:00～21:00（預約制、週二·週三僅中午營業）休週二·每月第3週三 ¥午餐全餐3240日圓～、晚餐全餐4860日圓～

1黃昏時的店家。木棧道直通客房 2當季炸物（午餐全餐一部分） 3熱騰騰的芋頭濃湯麥味噌風味（午餐全餐一部分） 4透過大大的窗戶可清楚看見庭園的林木。冬天會用暖爐燒柴

Hôtel ノワ·ラスール
オテルノワラスール

感受得到木製家具溫暖氛圍的舒適客房。由於僅有2間客房，也有家庭或團體客會全部包下。用餐就在「なず菜」。

☎0742-51-6868 ⓛIN16:00 OUT10:30 休週一·二，每月第3週三 ¥附2食18500日圓～

1大廳給人的感覺就像到朋友家拜訪一樣 2豪華雙床房中的木浴缸 3放在窗邊的小鳥擺飾 4在蒼鬱樹林的包圍之下療癒身心，舒適的客房。內部為素雅的白色系裝潢

月草 つきくさ

陳列各種簡單實用的生活用品。
同時也是藝廊，會舉辦各種作品展。

☎0742-47-4460 ⓛ10:30～17:30（週一～16:00）休週二，每月第3週三

1寧靜舒適的建築 2每件工藝品都可以感覺到手工溫度 3新潟工匠手編椴樹提袋12960日圓 4藝術家製餐具等，各種可用於日常生活的用品

秋篠の森 あきしののもり

⌂ 奈良市中山町1534
📍 近鉄大和西大寺駅搭奈良交通巴士17分，平城中山下車，步行5分
🅿 有 **MAP** 22B-1

務必造訪咖啡廳「くるみの木」！
由「秋篠の森」打造的「くるみの木」，為工作坊改建而成的全國知名咖啡廳。十分吸引人。📖P.72

秋篠の森
Photo Gallery

1 歡迎光臨秋篠の森。庭院的草木歡迎你的光臨 **2** 發現形狀各不相同的迷你南瓜。就在木棧道路上 **3**「なず菜」店內自然陳列的古董瓶。顏色與形狀都十分美麗
4 廣受歡迎的原創「番茄醬」400ml 680日圓
5 家具的風格簡單又親民。相片攝於房間客廳 **6** くるみの木原創機子「絹與綿」2200日圓～

7 常有小鳥來訪的庭園裡到處都放著巢箱
8 高知藝術家、小野哲平的陶器。單口9720日圓
9 用院子裡摘的果子做為當季室內擺設

在史書所載最古老的道路
山邊之道健行

見於「古事記」及「日本書紀」中，
由天理延伸到櫻井的古道，山邊之道。
現在為可親近大自然的健行路線。

整個繞上一圈
8小時

建議出遊Time
9:00-17:00

建議穿上好走的裝備。從
天理走到櫻井會花上整整
一天，因此也可以長岳寺
為基準點分成兩天。此
外，事先決定健行地點，
搭乘JR櫻井線到附近下車
也是不錯的選擇。

小·小·旅·程·提·案

N

天理站出發

天理站出發，直行往東。穿過天理市區
步行約30分。

**從這邊間始為
向下的緩坡**

1 石上神宮 いそのかみじんぐう

活躍於飛鳥時代的物部氏總氏神。
國寶級拜殿為鎌倉早期建築。
☎0743-62-0900 ☖天理市布留町384
⏰境內自由參觀 🅿有 🚉近鐵·JR天理
站步行30分 MAP 10B-3

2 長岳寺 ちょうがくじ

824（天長元）年由弘法大師創建。廣達
12000坪的寺內四季都有不同花朵綻放。
☎0743-66-1051 ☖天理市柳本町508
⏰9:00～17:00 🈺無休 ¥350日圓
🅿有 🚉JR柳本站步行20分 MAP 10B-3

3 黑塚古墳·黑塚古墳展示館
くろつかこふん·くろつかこふんてんじかん

全長約130m的前方後圓墳。名為「卑彌
呼之鏡」的三角緣獸神鏡在此出土。
☎0743-67-3210（黑塚古墳展示館）☖
天理市柳本町 ⏰古墳自由參觀，展示館
9:00～17:00 🈺展示館為週一、假日（週
一逢假日翌日休）¥展示館免費 🅿有
🚉JR柳本站步行7分 MAP 10B-3

4 崇神天皇陵 すじんてんのうりょう

不愧為大和朝廷的初代天皇陵，是全長
約240m的巨大前方後圓墳。 MAP 10B-3

5 景行天皇陵 けいこうてんのうりょう

全長300m，是大和古墳群中最大的前方
後圓墳。周圍有壕溝環繞。 MAP 10B-3

6 檜原神社 ひばらじんじゃ

為大神神社的附屬神社，供奉天照大御神。
社內有被石垣圍繞的三輪鳥居。 MAP 10B-3

**道路兩旁呈綿延
不絕的橘子園和
田園風光**

① 石上神宮

石上神宮前
布留
天理小 天理大
天理大体育館
天理高
天理教本部
天理市役所
天理郵局
大和神社前
朝和小前
三昧田
257
51
169
25
長柄站
JR櫻井線
START
天理站
←奈良站

7 大神神社 おおみわじんじゃ

以三輪山為神體，境內有拜殿及形狀獨
特的三輪鳥居。
☎0744-42-6633 ☖桜井市三輪1422
⏰境內自由參觀 🅿有 🚉JR三輪站步行
5分 MAP 11B-4

終點為JR三輪站

① ② ③

雞是神的使者

在石上神宮境內，可看見被稱為神的使者，擁有美麗羽毛的神雞。有時會停在樹上，讓看到的人嚇一跳。

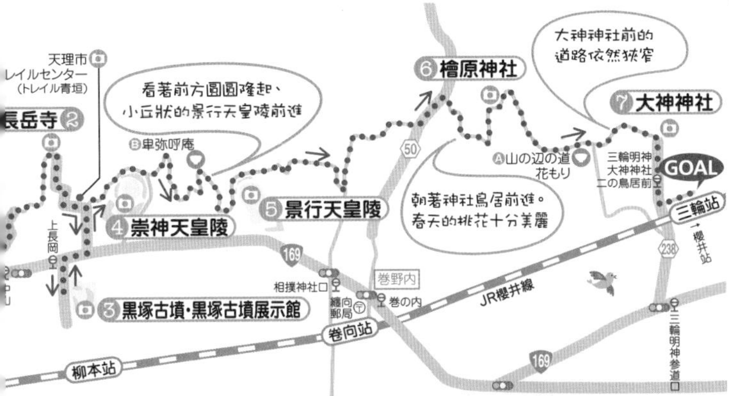
天理市トレイルセンター（トレイル青垣）
長岳寺 2
看著前方圓圓隆起、小丘狀的景行天皇陵前進
Ⓑ卑弥呼庵
6 檜原神社
大神神社前的道路依然狹窄
7 大神神社
50
Ⓐ山の辺の道 花もり
三輪明神 大神神社 二の鳥居前
GOAL
三輪站
→櫻井站
238
上長岡
4 崇神天皇陵
5 景行天皇陵
朝著神社鳥居前進。春天的桃花十分美麗
169
相撲神社口
巻野内
纒向郵局
巻の内
JR櫻井線
3 黒塚古墳・黒塚古墳展示館
巻向站
三輪明神参道口
柳本站
169

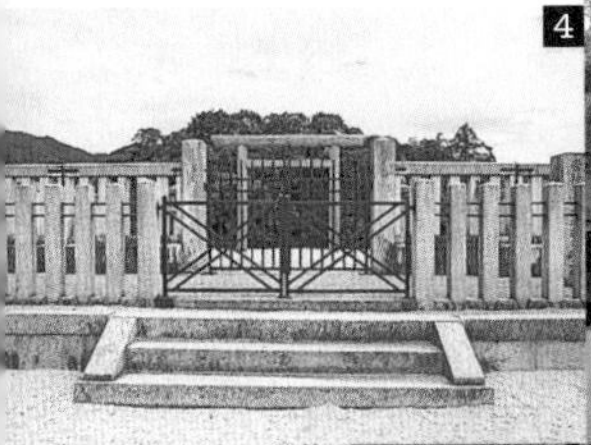

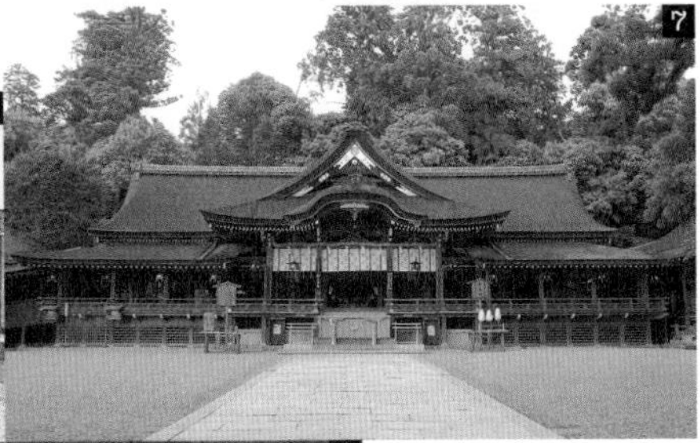

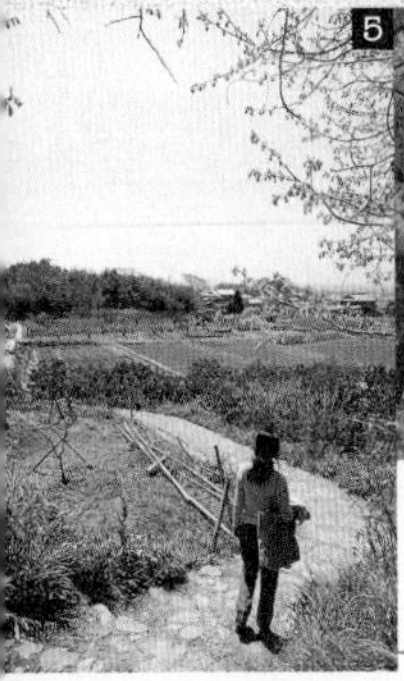

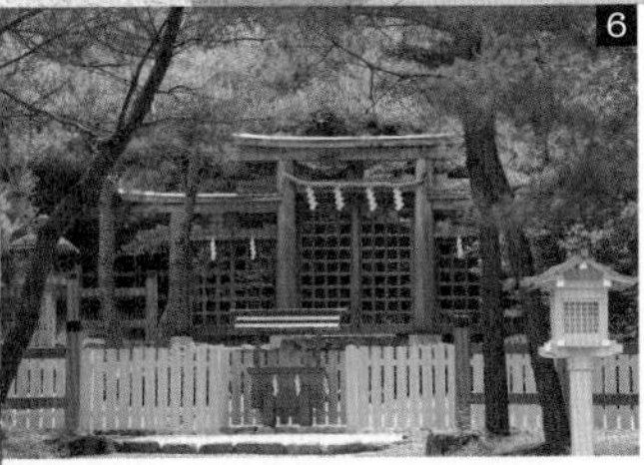

[1]石上神宮的拜殿為日本最古老的神社建築 [2]長岳寺境內5月杜鵑盛開 [3]黑塚古墳展示館中展出石室與鏡子複製品 [4]有一說主張崇神天皇為大和朝廷初代天皇 [5]圓圓隆起的景行天皇陵 [6]檜原神社的神體為三輪山中的岩座 [7]醫藥、美酒、消災解厄，供奉保佑生活各方面守護神的大神神社

小憩一會

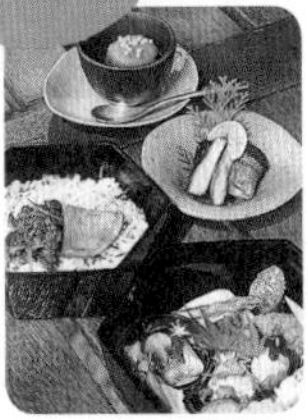

附點心的「花もり便當」2000日圓（需預約）

Ⓐ山の辺の道 花もり
やまのべのみちはなもり

可在開滿當令花卉的庭院裡，享用「花もり便當」、蕨餅、咖啡等。

☎0744-46-4260 ⌂桜井市茅原222-4 ⏲10:00～17:00（午餐11:30～售完為止）休 週一（逢假日則翌日休）P 無 🚌JR三輪站步行15分 MAP 11B-4

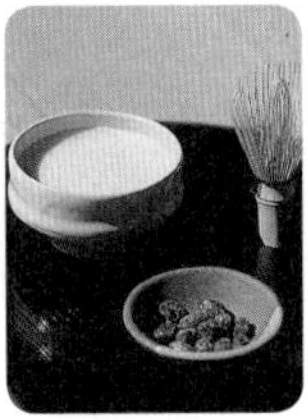

風味溫和的和風咖啡（附茶點）400日圓

Ⓑ卑弥呼庵 ひみこあん

可在此享用一杯抹茶、或使用茶筅沖泡的「和風咖啡」的和風咖啡廳。

☎0743-66-0562 ⌂天理市柳本町2994 ⏲9:00～18:00 休 不定休 P 有 🚌JR柳本站步行20分 MAP 10B-3

山邊之道途中的天理市トレイルセンター為免費的休息處，同時提供山邊之道的觀光資訊。

與聖德太子的夢幻相會!?
收藏珍貴秘佛的法隆寺

與聖德太子關係密切的著名法隆寺
是現存世界最古老的木造建築。
讓你彷彿穿越時空回到飛鳥時代。

法隆寺 據說是聖德太子與推古天皇於607
（推古天皇15）年創建。寺內共有55座建築
名列國寶與重要文化財。收藏佛像等多達
2300件實物。是日本第一號世界遺產。

散步指南

●需時　1小時
●最佳散步季節　推薦夢殿中的救世觀音
開放參觀的春天與秋天。尤其在春天，
夢殿附近的枝垂櫻非常美麗。

從南大門進入寺內吧。

中門 ちゅうもん 國寶
飛鳥時代建造。立於左右的
日本最古老金剛力士像的雙
眼炯炯有神。

西院伽藍。
需票後前往

金堂 こんどう 國寶
680年左右建造的世界最古
老木造建築。內有本尊釋迦
三尊像及日本最古老的四天
王像。

迴廊 かいろう 國寶
整齊排列的收分曲線式廊
柱，是飛鳥時代建築的特
色。

就在隔壁。

續到金堂後面。

五重塔 國寶
ごじゅうのとう
飛鳥時代建造的日本最古老
的佛塔。可參觀最下層內陣
中的雕像群。塔高31.5m。

大講堂 だいこうどう 國寶
歇山頂式建築，兩旁有經藏
（藏經閣）與鐘樓。

就在夢殿相會吧

夢殿內供奉的救世觀音像據說就是聖德太子肖像，是僅春秋兩季開放參觀的秘佛。絕不會辜負你的期待。

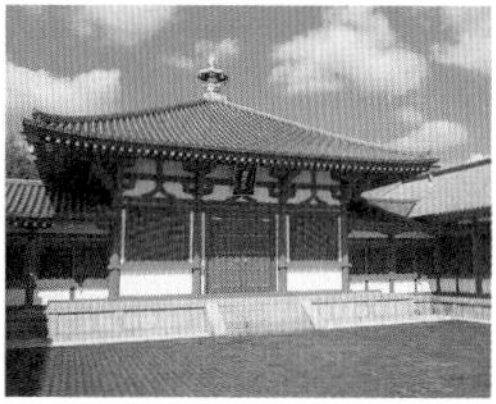

往寺內東側。

大寶藏院·百濟觀音堂

だいほうぞういん·くだらかんのんどう

展示眾多代表日本佛教藝術的佛像。可拜倒在著名的夢違觀音像與玉蟲廚子等貴重鎮寺之寶的魅力之下。

前往東院伽藍。

夢殿 ゆめどの 國寶

739（天平11）年，為紀念聖德太子，建於斑鳩宮遺址上的八角圓堂。

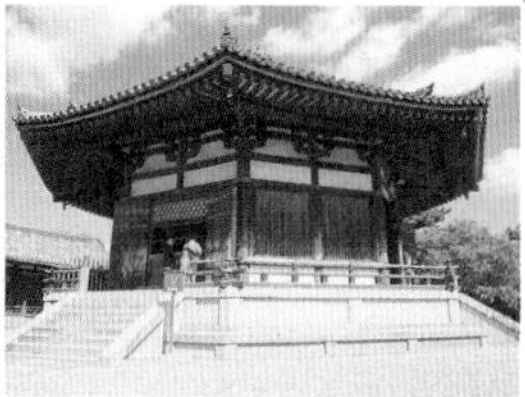

接著到斑鳩之里散散步吧。

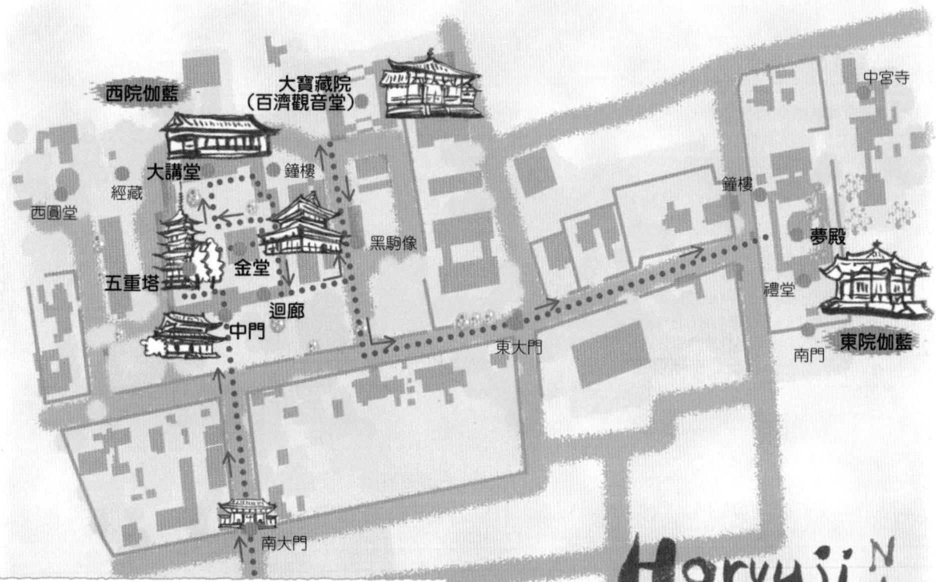

西院伽藍
大寶藏院
（百濟觀音堂）
中宮寺
大講堂
鐘樓
經藏
西圓堂
鐘樓
夢殿
黑駒像
金堂
五重塔
禮堂
迴廊
中門
東大門
南門
東院伽藍
南大門
Horyuji map
N

法隆寺 ほうりゅうじ

☎0745-75-2555 斑鳩町法隆寺山內1-1 ⏰8:00～17:00（11月4日～2月21日為～16:30）休 無休 ¥1000日圓（西院伽藍內、大寶藏院·百濟觀音堂、東院伽藍內共通）P 無
法隆寺門前巴士站即到 MAP 10A-3

能幫助你實現夢想的「夢御守」300日圓。是裡面裝著「夢」字的小巧可愛御守。

到綿延自法隆寺周邊的
斑鳩之里淨化身心靈

中宮寺、法輪寺、法起寺，
全都是可見到珍貴佛像，與聖德太子有淵源的古寺。
沉浸在斑鳩的田園風景與佛祖的微笑中療癒身心。

小・小・旅・程・提・案

法隆寺 ほうりゅうじ

說到斑鳩地區，就會想到這座大寺院。
參觀路線請參照P.80。

1 中宮寺 ちゅうぐうじ

建於法隆寺夢殿隔壁的尼寺。國寶級本
尊的菩薩半跏思惟像，是以安祥微笑聞
名的美麗飛鳥佛像。
☎0745-75-2106 ⚑斑鳩町法隆寺北
1-1-2 ⏰9:00～16:15(10月1日～3月20
日為～15:45) 🈳無休 ￥500日圓 🅿無
📍中宮寺前巴士站步行5分 MAP 10A-3

2 法輪寺 ほうりんじ

為祈求讓生病的聖德太子痊癒，其子山
背大兄王於622(推古30)年興建。可
近距離欣賞平安佛與飛鳥佛。
☎0745-75-2686 ⚑斑鳩町三井1570
⏰8:00～17:00(冬季為～16:30)
🈳無休 ￥講堂500日圓(4月下旬～6月
下旬、9月下旬～11月下旬於門口收費)
🅿有 📍中宮寺前巴士站步行15分
MAP 10A-2

3 法起寺 ほうきじ

山背大兄王建於其父聖德太子的岡本宮
遺址上。國寶三重塔為飛鳥時代所建，
至今仍維持原貌。世界遺產。
☎0745-75-5559 ⚑斑鳩町岡本1873
⏰8:30～17:00(11月4日～2月21日為～
16:30) 🈳無休 ￥300日圓 🅿無
📍法起寺前巴士站即到 MAP 10A-2

GOAL

[1]四月中旬中宮寺境內的棠棠花十分美麗
[2]使用飛鳥時代建築工法復原的法輪寺三重塔
[3-a]法起寺的三重塔是日本最古老的三重塔
[3-b]秋天法起寺附近的田園染上大波斯菊的美麗色彩

🚗🚃 or 🚲
🚶整個繞上一圈
4小時30分

建議出遊Time
8:30-17:00

雖說在JR法隆寺站前有
公車可搭，但寺和寺之
間有段距離，較推薦在
法隆寺門前的iセンター
租借腳踏車。若要步行
觀光，記得注意法起寺
的回程巴士時間。

在法隆寺iセンター租借自行車
法隆寺門前的iセンター，除提供觀光資訊外，
也可租借自行車，並附設咖啡廳。此外也設有
觀光地圖。
☎0745-74-6800(斑鳩町觀光協會) ⚑斑鳩
町法隆寺1-8-25 ⏰8:30～18:00 🈳無休
￥免費入館，自行車出租1小時200日圓 🅿有
📍法隆寺前巴士站即到 MAP 10A-3

法隆寺
START

法隆寺門前 🚌
斑鳩文化財センター
法隆寺iセンター
法隆寺前

活用免費導覽！
為時2小時30分到3小時，義工免費導覽斑鳩之里。需於2天前在斑鳩町觀光協會預約。

奈良／在斑鳩之里療癒身心

GOAL ② 法輪寺　法起寺前　③ 法起寺

法起寺口

天理

⑨ 25

創作市場 夢違　① 中宮寺　法起寺口

玄米庵B　中宮寺東

©町屋ダイニング 辻花　中宮寺東

中宮寺前

法隆寺東　中宮寺前　中宮寺前

JR關西本線(大和路線)　郡山站

興留

法隆寺站

⑤

小憩一會

夢違午餐1000日圓

Ⓐ創作市場 夢違
そうさくいちばゆめたがえ

咖啡廳、藝廊、手工藝品店、雜貨店等雲集，是享用午餐及午茶的絕佳地點。還有各種手工藝體驗課程。

☎0745-74-3500　斑鳩町法隆寺北1-2-40　㉐10:00～17:00　㉺週一・二　Ⓟ有　中宮寺前巴士站步行10分
MAP 10A-3

同時販售個性十足的飾品

布製小物等雜貨陳列

Ⓑ玄米庵 げんまいあん

採用自然農法栽培的蔬菜，且不使用動物性食材的小鉢套餐非常受歡迎。可搭配傳統爐灶炊煮的玄米飯一起享用。

☎0745-74-1986　斑鳩町法隆寺東1-3-24　㉐11:00～15:00、17:00～20:00（晚餐需3日前預約）　㉺週三(逢假日則翌日休)　Ⓟ有　JR法隆寺站步行30分
MAP 10A-3

午餐限定小鉢套餐1300日圓

當月全餐午餐3780日圓～、晚餐5400日圓～

Ⓒ町屋ダイニング 辻花
まちやダイニングつじはな

傳統建築改裝的店家。可在有地爐的日式座位享用當季創意宴席料理。並販賣風情獨具的伊賀燒器皿。

☎0745-74-0587　斑鳩町法隆寺2-3-16　㉐11:30～15:00、17:00～21:00，預約制　㉺不定休　Ⓟ有　中宮寺前巴士站步行6分　MAP 10A-3

3-b

JR法隆寺站南側也有自行車租借處。淡季時僅需500日圓十分划算。

泳姿翩翩的金魚之町
奈良首屈一指的城下町・大和郡山

前往於江戶時代盛極一時，至今仍保有其餘韻的大和郡山。
邊欣賞有細格子窗的木造建築及細長的水道，邊隨性散步。
金魚養殖業是從江戶時代傳承下來的傳統，現在出貨量為日本第一。

往大和郡山…
●交通方式　於近鐵郡山站或JR郡山站下車。近鐵奈良站搭乘奈良線、橿原線（大和西大寺站轉乘）25分、250日圓。JR奈良站搭乘大和路線，到郡山站5分、160日圓。近鐵郡山站與JR郡山站間步行約15分。
●洽詢處　大和郡山市觀光協會
☎0743-52-2010

大和郡山
Photo Gallery

郡山城遺址　こおりやまじょうせき

☎0743-52-2010（大和郡山市觀光協會）🏠大和郡山市城內町 🕐自由參觀 🅿無 🚃近鐵郡山站步行7分 MAP 22B-4
※至2017年3月前，因整修工程，天守台周邊不開放
→郡山城據說為戰國時代筒井順慶所建，再由豐臣秀長擴建而成。

春天的櫻花十分美麗

箱本館「紺屋」　はこもとかんこんや

☎0743-58-5531 🏠大和郡山市紺屋町19-1 🕐9:00～17:00 ㊡週一（逢假日則翌日休）💴300日圓 🅿有 🚃近鐵郡山站步行5分 MAP 22C-4
↑館內介紹藍染的歷史
↓也提供藍染體驗（1000日圓～）

原本為藍染商店的建築

本家菊屋　ほんけきくや

☎0743-52-0035 🏠大和郡山市柳1-11 🕐8:00～19:30 ㊡無休 🅿有 🚃近鐵郡山站步行5分 MAP 22C-4
→擁有400年悠久傳統的和菓子「御城口餅」。6個裝524日圓（稅另計）

↑街上到處都是古老建築
↓紺屋町的道路中央設有水道

金魚資料館　きんぎょしりょうかん

☎0743-52-3418 🏠大和郡山市新木町107 🕐9:00～17:00 ㊡週一 💴免費 🅿有 🚃近鐵郡山站步行10分 MAP 10B-2
←有金魚相關展覽，還可見到稀有的金魚

こちくや

☎0743-55-7770 🏠大和郡山市紺屋町23-1 🕐9:00～18:30 ㊡無休 🅿有 🚃近鐵郡山站步行6分 MAP 22C-4
↑店前有巨大金魚迎賓。售有各種金魚相關商品

日本全國撈金魚大賽於8月第3週日舉行，是金魚之町獨有的活動。

飛鳥

層層相疊的青綠稻田，
低矮的屋簷與結實累累的柿子樹。
飛鳥放眼所及都是令人懷念的山村風景，
騎上自行車四處遊逛一番吧。
午餐時分
可享用重現古代風味的料理。
悠閒的鄉村一日遊就在這裡。

大略地介紹一下飛鳥

飛鳥曾為推古天皇起11代間的宮殿所在地。
感受蔚藍的天空，欣賞周遭的景色。
徜徉於發思古之幽情的自行車史跡之旅。

想看著名的
「飛鳥美人」

高松塚古墳·壁畫館
たかまつづかこふん·へきがかん
位在古墳隔壁的壁畫
館，可欣賞用繽紛色彩
描繪的飛鳥美人圖等複
製品。

在飛鳥站做行前準備

先去一趟
☞**觀光服務處**

出飛鳥站後，不妨先去一趟飛鳥びとの館（☎0744-54-3624）吧。除了可取得觀光資訊，還可購買附插畫地圖及觀光景點優惠券的超值觀光護照（100日圓）。此處也販售當地特產，在回程時順便購買伴手禮也很不錯唷。

卸下沉重的行李輕鬆觀光
☞**利用投幣式置物櫃**

位於飛鳥站一出站在手邊。共有4種不同大小，費用為300日圓～600日圓。

有東西忘了買？
☞**可到車站附近的便利商店**

出飛鳥站後，第一個紅綠燈右轉，就有便利商店。可在這買飲料或其他忘記買的用品。

輕鬆、快速、自行車之旅

推薦可感受微風徐徐，馳騁於飛鳥鄉間小路的自行車之旅。羊腸小徑同樣輕鬆愉快，在路上的意外小發現也是樂趣之一。

●明日香レンタサイクル

於近鐵飛鳥站及龜石前等共有4處營業據點。可在各營業據點租借自行車及還車。

☎0744-54-3919 ⌂明日香村御園138-6 ⏰9:00～17:00 🈚無休 🉐自行車平日900日圓，週六·日、假日1000日圓（皆為1日費用、異地還車加收200日圓費用）🅿有 🚉近鐵飛鳥站即到 MAP88B-4

搭巴士遊飛鳥

若要搭乘巴士，可利用周遊明日香村的奈良交通巴士「赤かめ」較方便。行駛範圍為近鐵橿原神宮前站至飛鳥站間。1小時約有1～3班，可自由上下車的超值1日乘車券650日圓。可於近鐵橿原神宮前站的近鉄ステーションサビス及飛鳥びとの館購得（巴士上並無販售）。

搭飛鳥周遊巴士「赤かめ」前往目的地

巴士站名	橿原神宮前站出發	飛鳥站出發
高松塚（高松塚古墳）	41分／410日圓	2分／180日圓
川原（龜石、川原寺遺址、橘寺）	34分／310日圓	9分／210日圓
岡寺前（飛鳥藍染館、犬養萬葉紀念館）	31分／310日圓	15分／210日圓
石舞台（石舞台古墳）	28分／360日圓	13分／260日圓
万葉文化館西口（奈良縣立萬葉文化館）	23分／250日圓	18分／260日圓
飛鳥大仏前（飛鳥寺）	22分／240日圓	19分／290日圓
近鉄橿原神宮駅前	—	40分／440日圓

洽詢處　飛鳥京觀光協會☎0744-54-2362

小小清單check

☐ 相機　　☐ 帽子
☐ 防曬用品
☐ 水
☐ 斜背包
　（便於騎自行車）

etc…

首先，
要去哪呢？

想走進
萬葉集的世界
奈良縣立萬葉文化館
ならけんりつまんようぶんかかん
📷 P.115

舉辦萬葉集的時代為主題的
各種展覽的複合式設施。以
『萬葉集』為靈感描繪的日
本畫真的非常美麗。

想拜訪
聖德太子出生地
橘寺
たちばなでら
📷 P.91

傳說建於飛鳥時代，與聖
德太子相關的古剎。秋季
時周圍紅花石蒜盛開，宛
如一幅美麗圖畫。

飛鳥川

飛鳥水落遺址
124
奧山
甘樫丘
飛鳥歷史公園
甘樫丘地区
飛鳥寺
奈良縣立萬葉文化館
龜形石造物
酒船石
傳飛鳥板蓋宮遺址
明日香村役場
川原寺
龜石
橘寺
明日香小
二面石
犬養萬葉紀念館
飛鳥
石舞台古墳
15
飛鳥歷史公園
祝戸地区
15

想一探
古代的奇妙
石舞台古墳
いしぶたいこふん
📷 P.94

擁有日本最大的橫穴式石
室，據說是蘇我馬子之墓。
規模之大令人嘆為觀止。可
進入石室中參觀唷。

想看飛鳥最可愛的
石頭遺跡
龜石
かめいし
📷 P.95

表情彷彿正在微笑的石
龜。雖說不知為何而
造，但討人喜歡的程度
是飛鳥第一。

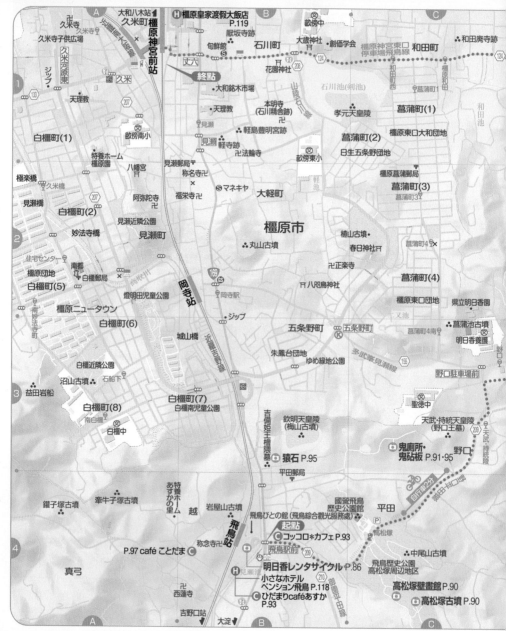

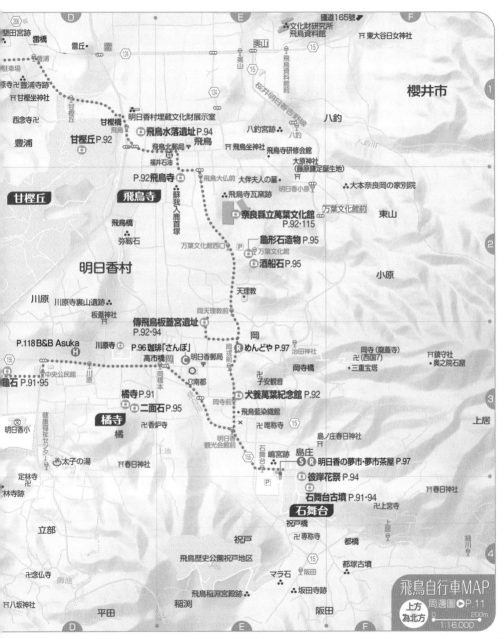

飛鳥自行車MAP

周邊圖 ●P.11

上方為北方

1:16,000

沉浸於閒適的美好風光
在晴朗天氣中享受自行車之旅

在近鐵飛鳥站下車，租借自行車後出發。
透過古墳、寺院、充滿謎團的岩石探觸歷史，並親近大自然。
在日本原始風景中，踏上尋找古代浪漫的旅程。

飛鳥處處是田園風光。騎自行車環遊鄉間小路，身心都豁然開朗

1 高松塚古墳·壁畫館
たかまつづかこふん・へきがかん

在壁畫館鑒賞彩色壁畫

以色彩繽紛的壁畫聞名的高松塚古墳
是個小巧的圓墳。雖說不能入內參
觀，但可在隔壁的高松塚壁畫館中欣
賞同尺寸複製畫。

☎0744-54-3340 　☖明日香村平田439
🕐9:00～16:30　㊡無休　💴壁畫館250日圓
🅿無　🚃近鐵飛鳥站步行15分
MAP 88C-4

前往國營
飛鳥歷史
公園館

☎0744-54-2441
（飛鳥管理中心）
☖明日香村平田538
🕐9:30～17:00
（12～2月為16:30）
㊡無休　💴免費

飛鳥駅

拜訪飛鳥びとの館後
開始飛鳥之旅

位於近鐵飛鳥站前的飛鳥綜合觀光服務
處。販售附折價券的觀光護照（100日圓）
及伴手禮等商品。

4 橘寺 たちばなでら

聖德太子出生地

供奉本尊為35歲時的聖德太子像。現
今的建築為江戶時代重建，寺內有二
面石（☞P.95）。

☎0744-54-2026 明日香村橘532
🕘9:00～17:00 無休 ¥350日圓 P有
🚏川原巴士站步行3分 MAP89D-3

3 龜石 かめいし
☞P.95

2 鬼廁所‧鬼砧板
おにのせっちん‧おにのまないた
☞P.95

真大呀

5 石舞台古墳
いしぶたいこふん
☞P.94

包含石舞台古墳在內，明日香村內各處都有萬葉歌碑。可一享歌碑巡禮之樂。

騎著自行車…只要稍稍再往前一點又會遇見不同的美景

沿著前往石舞台古墳的經典路線再往前行，
直到橿原神宮前站為止的暢遊路線（約6小時30分），
能夠讓你更進一步感受到飛鳥的魅力所在。

致力於保存古都的犬養老師紀念館。
展示室預計於2014年9月起免費開放參觀

6 犬養萬葉紀念館
いぬかいまんようきねんかん

親近萬葉時代

追思主張發揚萬葉風土學的萬葉集學者犬養孝的紀念館。館內展出原稿及照片等貴重資料，也設有圖書室。

☎0744-54-9300 ⌂明日香村岡1150
🕙10:00～16:30 週一（逢假日則翌日休，4・5・10・11月無休）¥300日圓 🅿有
🚏明日香観光会館前巴士站步行3分
MAP89E-3

7 傳飛鳥板蓋宮遺址
でんあすかいたぶきのみやあと
🔖P.94

9 飛鳥寺 あすかでら
供奉日本最古老佛像的寺院

蘇我馬子所建，日本最古老的正宗寺院。本尊飛鳥大佛以日本最古老的佛像聞名。寺院西側有據說為蘇我入鹿首塚的五輪塔。

☎0744-54-2126 ⌂明日香村飛鳥682
🕘9:00～17:15（10～3月為～16:45）無休(4月7～9日因葬式休館) ¥350日圓
🅿有🚏飛鳥大仏前巴士站即到 MAP89E-2

本尊據說為
鞍作止利所作

8 奈良縣立萬葉文化館
ならけんりつまんようぶんかかん
🔖P.115

簡單說明
萬葉時代

10 甘樫丘 あまかしのおか
將明日香村盡收眼底的小山丘

位於飛鳥中心，海拔約150m的小山丘。從北側的展望台，可一覽村落風景及包括天香久山在內的大和三山風光。

☎0744-54-2441（國營飛鳥歷史公園飛鳥管理中心）⌂明日香村豊浦 🕙自由參觀
🅿有🚏甘樫丘巴士站即到 MAP89D-1

飛鳥／騎自行車遊飛鳥

駅東口
GOAL
橿原神宮前站
124
孝元天皇陵
甘樫丘
飛鳥水落遺址
飛鳥坐神社
藤原鎌足誕生地
甘樫丘 10
大佛屋
飛鳥
飛鳥寺 9
飛鳥大仏前
奈良縣立萬葉文化館 8
万葉文化館西口
万葉文化館
酒船石
飛鳥川
龜形石造物
傳飛鳥板蓋宮遺址 7
明日香村役場
犬養萬葉紀念館 6
珈琲「さんぽ」
めんどや
岡戒前
岡寺（龍蓋寺）
岡寺前
岡橋本
飛鳥藍染織館
観光会館前
石舞台
明日香の夢市・夢市茶屋
石舞台古墳 5 (p.91)

169

進駐自行車停車場內的人氣咖啡館

ひだまりcaféあすか
品嘗豐富菜色稍事休息
位於歐風民宿內的咖啡廳。除了附人氣甜點及飲料的午餐外，另有附鬆軟煎蛋的紅酒牛肉飯和甜點等多種受歡迎的菜色。
☎0744-54-3017 ♔明日香村越17
🕐11:00～16:30 ㊡週三 ☒紫米咖哩1000日圓 🚃近鐵飛鳥站即到 MAP88B-4

隔週更換菜色的午餐拼盤1280日圓非常受歡迎

コッコロ＊カフェ
能感覺到木質溫暖氛圍的空間
除了使用蔬菜等當地食材的午餐外，另有全天供應的甜點等下午茶餐點選擇。
☎0744-54-3039 ♔明日香村御園137-1
🕐8:00～18:29 ㊡週三、夏季・冬季有臨時店休 ☒早餐550日圓、現做義大利麵午餐1000日圓 🚃近鐵飛鳥站即到 MAP88B-4

當週午餐拼盤1000日圓非常受歡迎

在每年9月中旬～下旬的「飛鳥光之迴廊」期間，明日香村在光影中呈現出夢幻般的氛圍。

悄悄豎耳傾聽
岩石述說著飛鳥歷史

飛鳥在1400年前曾是政治及文化重鎮。
當地有許多能激發想像力的古蹟與石頭遺跡。
在景色壯麗的"石之都"中，讓心靈好好充電。

勾起回憶的石頭遺跡巡禮

展現歷史面相的石頭遺跡。經歷漫長時光留存至今。

石舞台古墳 いしぶたいこふん

相傳為馬子之墓的古墳

由30幾塊巨石堆疊而成的日本最大石室古墳。長約3.4m，高4.8m，由於露出地表的石頂表面平坦，被稱為石舞台。據信為蘇我馬子之墓。

☎0744-54-4577(明日香村地域振興公社)
⌂明日香村島庄133 ⏰8:30～16:45
❌無休 ¥250日圓 Ⓟ有 🚏石舞台巴士站
步行3分 ᴹᴬᴾ89E-4

→原本被泥土覆蓋的石室
↓可進入石室中參觀

遺址已修復完成，鋪滿了石頭

傳飛鳥板蓋宮遺址
でんあすかいたぶきのみやあと

為大化革新舞台的宮殿遺址

遭受討伐的蘇我入鹿宮殿遺址。就遺址的整齊劃一度看來，也有一說為飛鳥淨御原宮，而板蓋宮位在淨御原宮之下。

☎0742-22-1101(奈良縣文化財保存課) ⌂明日香村岡 ⏰自由參觀 Ⓟ無 🚏岡天理教前巴士站步行5分 ᴹᴬᴾ89E-3

飛鳥水落遺址 あすかみずおちいせき

日本最古老的水時鐘

據傳為中大兄皇子所做的水時鐘「漏刻」的遺址。古時的水時鐘，據說是以一定速度的流水來計時。

☎0744-54-5600(明日香村文化財課) ⌂明日香村飛鳥 ⏰自由參觀 Ⓟ無 🚏飛鳥巴士站即到
ᴹᴬᴾ89D-1

鋪石子的底座已修復完成，共有24根柱子
明日香村教育委員会

在悠閒的鄉村度過花樣時光

彼岸花祭
9月中旬

在鄉間殷紅的紅花石蒜盛開時節，舉行飛鳥時代遊行等活動。

☎0744-54-4577(明日香村觀光交流活性化事業實行委員會) ⌂明日香村島庄、稻渕ほか ⏰10:00～16:00 Ⓟ有 🚏石舞台巴士站下車
ᴹᴬᴾ89E-4

> **不拜神，拜石頭!?**
> 在飛鳥川河畔可看見高達2m形似地藏菩薩的彌勒石。傳說只要祭拜祂，下半身的病痛就會痊癒。

形狀神秘充滿謎團的古代遺跡

是誰建的？何時建的？為何而建？四處可見造型獨特的石頭遺跡。

洽詢處　明日香村文化財課☎0744-54-5600

type1 藏著傳說的石頭

有各種遠古軼聞與傳說的石頭遺跡。

龜石
かめいし

飛鳥第一的可愛表情
P 無　🚍 川原巴士站即到
MAP 89D-3

看起來就像一隻蹲踞微笑的烏龜。據說這隻烏龜如果轉向西方，就會有大洪水。

鬼廁所·鬼砧板
おにのせっちん·おにのまないた

鬼曾使用的日常用品？
P 無　🚉 近鐵飛鳥站步行15分
MAP 88C-3

大型的砧板與箱形石頭遺跡。傳說是鬼來料理人類的砧板，十分恐怖。

type2 有各種用途

使用高超技術刻上幾何圖形。

龜形石造物
かめがたせきぞうぶつ

排水的巧妙裝置
🕐 8:30～16:45 🈲無休 ¥300日圓 P無
🚏 万葉文化館西口巴士站即到 MAP 89E-2

龜甲的部分有用來蓄水的凹槽，可能是藉此排水。

酒船石
さかふねいし

雕著幾何學圖樣的石板
P 無　🚏 万葉文化館西口巴士站步行3分 MAP 89E-2

有用來排宮殿庭園的水，以及釀酒榨油等各種說法。

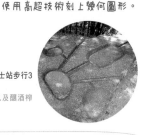

type3 將意念寄託於形體

在這些動物與人形石上，彷彿可見眾人的意念。

猿石
さるいし

臉上的笑容令人印象深刻
P 無　🚉 近鐵飛鳥站步行10分
MAP 88B-3

在吉備姬王墓的柵欄內共有四座。由於臉像猿猴而被稱為猿石。

二面石
にめんせき

擁有善惡兩種表情的石頭
🏠 明日香村橘532 橘寺境內 🕐9:00～17:30 🈲無休 ¥橘寺參拜費350日圓
P 有　🚍 川原巴士站步行3分 MAP 89D-3

一塊石頭的兩側為兩種不同表情，據說代表善與惡。

奈良文化財研究所飛鳥資料館（MAP 89E-1）的前庭有石頭遺跡的複製品，可以一次看好幾種。

養生午餐及著名火鍋
歡迎享用飛鳥美食

使用紅米和紫米等古代米，以及現採蔬菜烹調的午餐十分養生。
重現古代滋味的鄉土料理飛鳥鍋，盛滿了大自然的恩惠。
不妨在此享用飛鳥獨有的美味。

自家烘焙咖啡與午餐

珈琲「さんぽ」
こーひーさんぽ

改建自屋齡80年的民宅的咖啡廳。
採用頂級自家烘焙咖啡豆的正統手
沖咖啡、在亞洲相當受歡迎的海南
雞飯等限量午餐頗受好評。

☎0744-41-6115 ⌂明日香村岡55-4
🕐10:00~16:30（3~9月為~17:30）、午
餐為11:00~15:00 🈲週四‧五（逢假日則
營業）🅿有 🚏岡橋本巴士站即到
MAP 89E-3

附雞湯及杏仁豆腐的海南雞飯
1000日圓。可預約

店主就在櫃台後歡迎你

在天氣晴朗的日子裡
坐在露台座位也非常舒服

使用自家烘焙咖啡豆精心手沖的咖啡480日圓~

原來雞肉曾是高級食材！
飛鳥鍋不可或缺的食材：雞肉。於推古天皇時代歸化日本的中國人，將雞肉料理推廣到日本，此後廣受貴族與豪族喜愛。

夏季限定古代米御膳1620日圓。
可品嘗到當季蔬菜料理及葛豆腐

↑被稱為「米的祖先」的紫米等古代米各1000日圓　→用於飛鳥採收的紅米做成的零食，あかぼん350日圓

健康享用古早味
明日香の夢市・夢市茶屋
あすかのゆめいち・ゆめいちぢやや

可品嘗使用紅米和紫米等古代米的定食。夏天的吳豆腐與冬天的飛鳥鍋，各種充滿季節特色的料理魅力無窮。另附設商店。

☎0744-54-9450 🏠明日香村島庄154-3 🕚11:00～16:00(商品販售為10:00～，週六・日、假日為～17:00) 🈺無休 🅿有 🚏石舞台巴士站即到 MAP 89E-3

可邊看風景邊用餐

ことだま午餐1620日圓。
數量有限&相當受歡迎，建議先預約

古代三色米3合650日圓，古代紅米為3合500日圓。最適合當作伴手禮

飛鳥咖哩650日圓。
加入大和肉雞與大量蔬菜的咖哩

悠閒的古民宅咖啡廳
caféことだま
カフェことだま

無論是現採蔬菜、米、豆腐、蒟蒻，甚至調味料都堅持使用當地產的講究咖啡廳。廣受歡迎的午餐，共有8道菜，每2週更換菜色並附飲料。

☎0744-54-4010 🏠明日香村越540 🕚11:00～16:30(週六・日、假日為～17:30) 🈺週二・每月第3週三 🅿有 🚈近鐵飛鳥站步行10分 MAP 88B-4

古民宅改裝而成的店面

飛鳥鍋套餐3780日圓（需預約）。
附燉煮拼盤及甜點等

飛鳥鍋是什麼？　來自唐朝的渡來人僧侶，為了抵禦寒冬使用山羊乳煮火鍋。雖說是飛鳥時代就有的料理

重現古早味的飛鳥鍋
めんどや

可在此品嘗調和牛奶和高湯的湯底，以及飛鳥產新鮮蔬菜和大和肉雞等食材烹調的飛鳥鍋。也很推薦「瓢簞便當」。

☎0744-54-2055 🏠明日香村岡40 🕚10:00～售完即打烊 🈺不定休 🅿有 🚏岡天理教前巴士站即到 MAP 89E-3

安靜風雅的食堂

古代的飲食，都是養生的有機料理。古代米的維他命含量也比白米多。

結束觀光完後在町家用餐
盡情感受風情獨具的今井町

戰國時代開發，以自治都市盛極一時的今井町。
設置了石灰牆和格子窗的氣派建築林立，
讓人感受到昔時日本的美好風情。

1 現在依然從事釀酒業的河合家 **2** 處處都是江戶時代留下來的街道 **3** 今西家身為地方首長，得到幕府給予的自治權 **4** 在華麗的宅邸間有許多小路 **5** 以懸山頂式瓦片屋頂為特色的舊米谷家 **6** 春日神社後方有昔日的護城河 **7** 在「今井町家館」參觀町家內部

河合家 かわいけ
擁有280年歷史的釀酒商
☎0744-22-2154 介橿原市今井町1-7-8
🕘9:00～16:30(需預約) 困不定休
🎫1・2F為300日圓(附贈小手冊) 🅿有
🚉近鐵八木西口站徒步5分

今西家 いまにしけ
今井町最古老的宅邸
☎0744-25-3388(今西家保存會)
介橿原市今井町3-9-25 🕘10:00～16:30
困週一(逢假日則翌日休) 🎫400日圓 🅿無
🚉近鐵八木西口站步行10分

舊米谷家 きゅうこめたにけ
經營五金行的商家
☎0744-23-8297 介橿原市今井町1-10-11
🕘9:00～12:00、13:00～17:00 困週一(逢假日則翌日休) 🎫免費 🅿無 🚉近鐵八木西口站步行8分

春日神社後方的復原護城河
かすがじんじゃうらてのふくげんかんごう
眼前浮現舊時城鎮的景色
介橿原市今井町 🕘自由參觀
🅿無 🚉近鐵八木西口站步行15分

今井町家館 いまいまちやかん
重現商家建築
☎0744-22-1287 介橿原市今井町3-1-22
🕘9:00～12:00、13:00～17:00 困週一(逢假日則翌日休) 🎫參觀免費 🅿無
🚉近鐵八木西口站步行10分

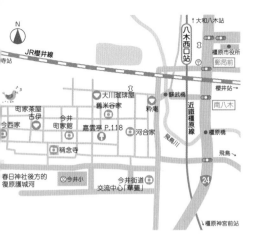

JR櫻井線

N

八木西口站

↑大和八木站

↑橿原市役所

郵局前

櫻井站

南八木

近鐵橿原線

寺站

町家茶屋古伊
今西家

大川珈琲屋
舊米谷家
今井
町家館
粹庵
嘉雲亭 P.118
河合家

蘇武橋

飛鳥川

橿原橋

飛鳥

稱念寺

春日神社後方的
復原護城河

今井小

今井街道
交流中心「華甍」

24

↓橿原神宮前站

前往今井町 近鐵八木西口站下車較方便。前往老街步行約10分。

飛鳥出發／近鐵飛鳥站搭吉野線‧橿原線（橿原神宮前站轉乘）16分、220日圓，八木西口站下車。 **奈良出發**／近鐵奈良站搭奈良線‧橿原線（大和西大寺站轉乘）48分、430日圓，八木西口站下車。

町家欣賞重點

依房間格局不同，粗細及間隔各不相同的「格子」；有抽風機功能的「煙出」等，每戶建築細節各不相同，可仔細看看，非常有趣喲。

今井町是這樣的城鎮

今井町為室町時代後期，以稱念寺為中心的寺內町。春日神社後方的復原護城河，是模仿當時為防守而建造的壕溝。之後於1575（天正3）年起，此區商家集結，發展成南大和最大的商業都市。東西600m、310m、約17.4公頃的區域被劃為重要傳統建築物群保存地區。

今井街道
交流中心「華甍」

いまいまちなみこうりゅうセンターはないらか

可了解今井町歷史的設施

以模型和影片等，詳細介紹這個室町時代後期誕生的寺內町歷史與街道。左右對稱的翼廊十分特別。

明治時代落成的建築

☎0744-24-8719 合橿原市今井町2-3-5 ◐9:00～16:30 休週一（逢假日則翌日休） 冤免費 ⓟ有（收費） 曻近鐵八木西口站步行10分

飛鳥／風情獨具的今井町

不妨順道造訪
町家商店

「紅豆年糕湯」450日圓，在木地板空間內享用

町家茶屋古伊

まちやちゃやふるい

洋溢町家風情的茶屋

改建自江戶中期經商町家的茶屋。可在風情獨具的店內，享用紅豆年糕湯及抹茶。東側為有小河流經的開放式咖啡廳「古伊音」。

☎0744-22-2135（古林） 合橿原市今井町4-6-13 ◐10:30～17:00（週六‧日為～17:30） 休週一‧二（逢假日則翌日休、4‧5‧10‧11為週一休） ⓟ無 曻近鐵八木西口站步行10分

可吃到當季菜餚的「今井膳」1000日圓

粹庵

すいあん

手打細切蕎麥麵

模仿三輪素麵的細切蕎麥麵是店內的招牌料理。另有多種單點菜餚可供選擇，還可品嘗特產酒「出世男」。

☎0744-29-3807 合橿原市今井町1-4-35 ◐11:30～13:30、17:00～22:00 休週一 ⓟ無 曻近鐵八木西口站步行5分

咖啡與乳酪蛋糕的完美組合「蛋糕套餐」700日圓

大川珈琲屋

おおかわこーひーや

來一杯香濃咖啡放鬆一下

在舒適的空間裡，品嘗現點現磨新鮮咖啡豆的奢華咖啡。平日10點前還可以在此享用早餐。

☎0744-47-3919 合橿原市今井町1-9-20 ◐8:00～19:00（週六‧日、假日9:00～18:00） 休無休 ⓟ有 曻近鐵八木西口站步行5分

今井町內只有1家旅館。為江戶時代町家改建的「嘉雲亭」，是僅供住宿的基本旅館。P.118

感受大和路的季節變化
社寺的花與紅葉巡禮

宣告大和路季節變換的櫻花及紅葉季。
參拜社寺是一大觀光重點。
追逐色彩，盡情暢遊大和路。

長谷寺
はせでら

最佳時期 4月下旬～5月上旬

高濱虛子也讚嘆為「花之御寺」
另人喜愛的牡丹之寺

相傳為686（朱鳥元）年，道明上人為祈求天武天皇早日康復而建的寺院。春天從仁王門到本堂間，約400階的長登廊兩側，有約7000株的牡丹盛開。

☎0744-47-7001 ⌂桜井市初瀬731-1
🕐8:30～17:00（10～3月9:00～16:30）
㊡無休 ¥500日圓 Ｐ有
🚌近鐵長谷寺站步行15分 MAP 10C-3

❶ 約有150種牡丹圍繞登廊盛開 ❷ 包括德川家光捐錢建造的本堂在內，有許多國寶 ❸ 建於山林間的寺院。可看見遠處本堂的舞台

室生寺
むろうじ

最佳時期 4月中旬～5月上旬

被石楠花包圍
真言宗密教的山寺

通往寺院的石階兩側開滿了石楠花。與日本最小的五重塔互相輝映，十分美麗。由於開放女性信眾參拜，相對於高野山，也有「女人高野」別稱的真言宗寺院。

☎0745-93-2003 ⌂宇陀市室生78
🕐8:30～17:00（依季節變更）
㊡無休 ¥600日圓 Ｐ有 🚌近鉄室生口大野駅搭乘奈良交通巴士15分，室生寺下車，步行5分 MAP 10D-3

❶本堂為國寶，是鎌倉時代的建築 ❷石楠花與紫荊花同時盛開，將五重塔妝點得色彩繽紛 ❸初夏時節，約有3000株石楠花盛開

談山神社
たんざんじんじゃ

最佳時期 11月中旬～12月上旬

春之櫻、秋之紅葉
色彩繽紛的神社

紅黃夾雜的紅葉，層層包圍檜皮屋頂的十三重塔及赭紅的本殿。供奉藤原鎌足的十三重塔，是目前世界上僅存的木造十三重塔。春季及秋季會舉辦蹴鞠祭。

☎0744-49-0001 🏠桜井市多武峰319 ⏰8:30～16:30 🈚無休 💴500日圓 🅿有 📍近鉄桜井駅搭乘櫻井市コミュニティー巴士25分，談山神社前下車，步行3分 MAP 11B-4

■彷彿將十三重塔染成一片火紅的紅葉 ■寺內處處可見如畫般的景色

矢田寺
やたでら

最佳時期 6月上旬～7月上旬

雨中更添嬌豔的繡球花之寺

正式名稱為金剛山寺。梅雨時節，會有約1萬株繡球花綻放，因此又稱繡球花寺。寺內有本堂及開山堂，收藏本尊地藏菩薩等的多項重要文化財。

當麻寺
たいまでら

最佳時期 4月下旬～5月上旬

為中將姬傳說增添色彩的
大花牡丹

與中將姬相關的寺院，春季時庭園中有大花牡丹盛開。據傳為中將姬用五色蓮絲織成的當麻曼荼羅也相當有名。為聖德太子之弟、用明天皇第三皇子麻呂子親王所建。

■盛開於中之坊庭園中的牡丹 ■約建於1400年前，後為當麻氏宗祠

☎0745-48-2001(當麻寺中之坊) 🏠葛城市當麻1263 ⏰9:00～17:00(冬季為～16:30) 🈚無休 💴本堂、金堂、講堂500日圓 🅿有 🚃近鐵當麻寺站步行15分 MAP 11A-4

■也以供奉地藏菩薩聞名的寺院 ■6、7月間有約60種繡球花在寺內處處盛開

☎0743-53-1445 🏠大和郡山市矢田町3549 ⏰8:30～17:00 🈚無休 💴6月1日～7月10日繡球花季為400日圓 🅿有 📍近鉄郡山駅搭乘奈良交通巴士18分，矢田寺下車，步行6分(繡球花季期間於JR法隆寺站有臨時巴士) MAP 22A-4

社寺的花與紅葉巡禮

拜訪江戶時代藥商雲集的
藥之町・大宇陀

過去曾是連接京都與伊勢街道兩側的商業區，
同時以獵取鹿角入藥的藥町聞名。
在可緬懷昔時風情的大願寺中，可嘗到以藥草烹調的素齋。

前往大宇陀…
●交通方式 近鐵榛原站下車。近鐵奈良站搭乘奈良線・榛原線・大阪線特急、急行（大河西大寺站、大和八木站轉乘）50分、670日圓，特急附加費用870日圓。榛原站搭乘巴士。18分、420日圓，大宇陀下車。
●洽詢處 宇陀市商工觀光課
☎0745-82-2457

大宇陀 Photo Gallery

→街道穿越山脈直達伊勢，是歷史悠久的城鎮
↓曾是松山宇陀山城的城下町。現今松山地區被選為傳統重要建築物群保存地區

風雅的街道不斷綿延

宇陀市歷史文化館「藥之館」
うだしれきしぶんかかんくすりのやかた
☎0745-83-3988 🏠宇陀市大宇陀上2003 🕙10:00〜16:00周一・二（逢假日則開館，周三休）、12月15日〜1月15日 ¥300日圓 🅿有 📍大宇陀高校前巴士站步行10分 MAP 11C-4
→除了展示藥店招牌，也有大宇陀的鄉土資料

松月堂 （しょうげつどう）
☎0745-83-0114
🏠宇陀市大宇陀上1988
🕙8:00〜17:30 週三 🅿無
📍大宇陀高校前巴士站步行5分 MAP 11C-4
←用蛋白霜包裹蛋黃的高雅和菓子「きみごろも」1個118日圓

黑川本家 （くろかわほんけ）
☎0745-83-0025 🏠宇陀市大宇陀上新1921 🕙9:00〜17:00 週日 🅿有 📍大宇陀巴士站步行5分 MAP 11C-4

→販售葛粉與葛菓子。くずゆ6個裝900日圓（稅外）

別忘了名產！

森野舊藥園
もりのきゅうやくえん
☎0745-83-0002 🏠宇陀市大宇陀上新1880 🕙9:00〜17:00 🅿不定休 ¥300日圓 🅿無 📍大宇陀巴士站步行3分 MAP 11C-4
←於江戶時代開發，列為國家史蹟的藥園

大願寺 （だいがんじ）
☎0745-83-0325 🏠宇陀市大宇陀拾生736 🕙境內自由參觀 ¥藥草料理（11:00〜14:00，不定休，需預約）3800日圓 🅿有 📍大宇陀巴士站步行3分 MAP 11C-4
←創建於推古時代的古剎。可在此品嘗藥草料理

推薦8月下旬的夜間點燈活動「宇陀松山夢街道」。

吉野

前往以櫻花聞名的吉野山。
一下空中纜車，
眼前是一條通往大峯山的路。
尋訪大有來頭的古社寺，
品嘗吉野葛製成的和菓子及熱茶。
春天自不待言，新綠與紅葉的時節，
享受四季更迭的美景。

大略地介紹一下吉野

盛開於日本人心中的櫻花，賞櫻名勝吉野山。
將山頭染成一片粉紅的春天自不待言，
一年四季風景都十分美麗。

在近鐵吉野站做行前準備

先確認
☞登山纜車時刻表

往吉野山的登山纜車為1小時4班，平常營業時間為9點20分至17點40分。櫻花季節則會延長。單程350日圓，來回600日圓，櫻花季期間不販售來回票。

若從吉野站步行前往，沿下千本步道約20分可抵達吉野山。

想卸下沉重的行李輕鬆觀光
☞就利用車站的投幣式置物櫃

吉野站剪票口出站即到。共有3種不同大小，費用分別為300日圓、400日圓、600日圓。

吉野的便利小資訊

洽詢住宿情報

位於登山纜車吉野千本口乘車處附近的吉野山旅館工會服務處，提供可直播住宿旅館的電話。

想買些小東西就到小賣店

吉野山上沒有便利商店。想買飲料等可在參道上的小賣店購買。

人聲鼎沸的吉野櫻花季

雖說春天是最適合前往的季節…

眾多觀光客為欣賞"一望千株"的櫻花前來，擠得水泄不通。在此同時，旺季週末也無法開車上山。請遵循指標，將車子停放在臨時停車場（費用

1500日圓），再搭接駁巴士（免費）前往下千本及中千本。細節請上網確認。

洽詢處
吉野町街道振興觀光課交流室
☎0746-32-3081

想參觀
壯麗的名園
竹林院 群芳園 📷 P.109
ちくりんいんぐんぽうえん

千利休建造的群芳園，名列大和三大名園之一。同時也是吉野的代表性旅館。

想看看
吉野的地標
金峯山寺 📷 P.108
きんぷせんじ

國寶藏王堂值得一看。本堂為規模僅次於東大寺的木造建築。

小小清單check

☐ 相機
☐ 陽傘
☐ 防曬用品
☐ 好走的鞋
　　　　etc…

想了解
南朝的歷史

如意輪寺 P.109

にょいりんじ

日本南北朝時代，後醍醐天
皇的敕願寺。位於後山的天
皇陵是面向京都建造。

首先，
要去哪呢？

想參觀
大有來頭的紙拉門畫

吉水神社 P.108

よしみずじんじゃ

據說原本是寺院。是在
南朝歷史中扮演重要角
色的神社。

想欣賞
四季不同的美景

吉野山 P.106

よしのやま

春之櫻、初夏新綠、秋之紅
葉等，四季都有不同美景的
吉野山。整個山頭都是奈良
首屈一指的名勝地。

村上義光の墓
吉野神宮站
WC・吉野千本口
駐車場前
吉野町

美吉野
P.106 陽ぼっこ
P.119 歌藤
歌藤別館 WC
吉野山駅 吉野山

左曽
步行
5分

P.112さこや

P.14 蛙跳式(蓮華會)
P.108 金峯山寺
街道櫻花燈
P.107 吉野山遊客中心
吉野荘湯川屋
萬松堂 P.111
芳魂庵 P.110
吉水神社 P.108

P.111 吉野久助堂
P.111 太田桜花堂
P.111 藤井利三郎薬房
吉野山 P.106
吉野温泉元湯 P.112
醒予 P.111
谷嶋誠心堂 P.111
湯元 宝の家 P.113

船岡山

P.110 食事処 魚歌家(枳殻屋)
村上義隆の墓
芳雲館
一休庵
卍宝蔵院
卍桜本坊

如意輪寺
寶物殿

如意輪寺 P.109

後醍醐天皇陵
WC

P.109 竹林院 群芳園
P.119 竹林院 群芳園

花錦 P.110
宗信法院の墓

桜美荘たいら

下市町

上千本

WC

吉野
右上
為北方
周邊圖 P.11
250m
1:25.000

吉野／大略地介紹一下吉野

從登山纜車吉野站，以健行方式步行約1小時，可抵達瞭望台「花矢倉」。

若想欣賞櫻花和紅葉
就先訂個吉野山旅遊計劃吧

春季染上一層櫻花粉紅，秋季為火紅的紅葉色。
在以「紀伊山地靈場與參詣道」之名
登錄世界遺產的吉野山散步吧。

整個繞上一圈 **4小時**

春天櫻花季　秋天紅葉季

建議出遊Time　建議出遊Time
8:00-19:00　**9:00-17:00**

從登山纜車吉野山站出發，是一條往金峯山寺的無叉路參道，附近有多處景點。登山纜車於櫻花季時，最晚營業到晚上8點40分。夜櫻點燈時間到晚上10點。

小・小・旅・程・提・案

登山纜車吉野山站出發
春季時也可從近鐵吉野站爬「七曲道」
上山。約20分。

1 金峯山寺 きんぷせんじ
為修驗道主要道場及象徵吉野山的寺院。☞P.108

2 金峯山寺聚法殿(吉野山遊客中心)
きんぷせんじじゅほうでん(よしのやまビジターセンター)
外觀被稱為迷你藏王堂的資料館。吉野相關資訊都在這裡。☞P.107

3 吉水神社 よしみずじんじゃ
與義經、靜御前、後醍醐天皇、豐臣秀吉等人相關的古老神社。在南朝歷史上扮演重要角色。☞P.108

4 竹林院 群芳園 ちくりんいんぐんぽうえん
高格調宿坊。以千利休建造的庭園美景聞名。大和三大名庭園之一。☞P.109

5 如意輪寺 にょいりんじ
後山有醍醐天皇陵寢。別錯過南朝相關寺寶。☞P.109

回到登山纜車吉野山站抵達終點

春季活動資訊
3月底至4月底會舉辦櫻花祭。還可享受夜櫻點燈的美景。金峯山寺藏王堂的花供會式為4月11、12日。

小憩一會

小木屋
咖啡廳

A 陽ぽっこ
ひなたぼっこ

招牌櫻花冰淇淋430日圓

入口在二樓的小木屋咖啡廳。可享用葛餅與冰淇淋等咖啡廳餐點。

☎0746-32-3177(旅館歌藤)　🏠吉野町吉野山3056
🕘9:00～16:00　🈺每月第2・4週一(逢假日則營業)
🅿有　🚡空中纜車吉野山站即到　MAP 105A-1

春天的吉野山是
輕盈柔和的櫻花色

賞櫻最佳時期為3月下旬～4月下旬

吉野櫻的開花順序，是從山腳往山頂，順著下千本、中千本、上千本、奧千本一路往上。整個開花過程約一個月，因此花季很長。

鮮艷的深紅是吉野山深秋的顏色

賞楓最佳時期為10月下旬～11月下旬

與櫻花相反，林木是由山上往山下變色。櫻葉較早轉紅，後為楓葉，會染成鮮艷的朱紅色。

抓住吉野山的
觀賞重點後出發

順道繞去這裡看看吧

金峯山寺聚法殿(吉野山遊客中心)

きんぷせんじじゅほうでん(よしのやまビジターセンター)

除了有可觀賞金峯山寺傳統祭典VTR，了解修驗道與吉野山自然・歷史的常設展之外，也會舉辦特展。

☎0746-32-8371(金峯山寺) 🏠吉野町吉野山2430 ⏰3～11月的9:00～16:30 休12～2月、3、5～11月平日(黃金週、假日除外)、4月無休 ¥200日圓 P無 🚠登山纜車吉野山站步行20分 MAP 105A-2

秋季活動資訊

10月第3週日會舉辦感謝五穀豐收的「吉野山秋祭」。會有太鼓繞行出巡，並在金峯山寺境內分撒賣品，十分熱鬧。

8秋天染上鮮艷紅葉色彩的金峯山寺藏王堂 9多彩的秋之吉野山 10秋天連櫻樹都搖身一變成橘色 11深秋的上千本。可看見如畫美景 12登山纜車站周邊也洋溢秋天氣息 13深秋日暮，遠望吉野朝皇居遺址

1下千本的「七曲道」會穿過櫻花隧道
2初春的綠意與櫻花的對比十分美麗
3金峯山寺的參道上賞花遊客熙來攘往
4搭乘吉野山登山纜車上山 5春天的吉野山。遠眺金峯山寺的藏王堂
6白皙純潔的山櫻花
7吉水神社周邊的中千本也染上橘色

約有3萬株櫻花盛開於海拔800m的吉野山。潔白純潔的山櫻花，會於開花同時長出嫩葉，十分惹人憐愛。

（地圖）
近鐵吉野線・吉野站
15 吉野千本口
駐車場前
A陽ぼっこ WC
吉野山駅 吉野山
START GOAL
金峯山寺 1 金峯山寺
吉野山遊客中心 2
勝手神社
吉水神社 3
如意輪寺 5
WC
WC
竹林院 群芳園 4
如意輪寺
竹林院前
15 37

凝望歷史人物的光與影
吉野山的古社寺

源義經的藏身之處、後醍醐天皇建立南朝之處…
屢次在歷史舞台上登場的吉野山。
散佈於山中的寺院神社，感受得到往昔的光與影。

金峯山寺 きんぷせんじ

供奉藏王權現的
吉野山象徵

修驗道的主要道場。自古以來就
是知名聖域的金峯山，據說起源
是7世紀末，役小角入山修行時，
受到藏王權現感召，以櫻樹刻神
像供奉。氣氛莊嚴的藏王堂迫力
十足。

☎0746-32-8371 △吉野町吉野山2498
⑨境內自由參觀（藏王堂參拜8:30～
16:30）⑭無休 ¥藏王堂參拜500日圓
（特別參拜費用另計）Ｐ無 ⬛登山纜車
吉野山站步行10分 ㎞105A-2

❶藏王堂為規模僅次於東大寺大佛殿的
木造古建築 ❷為迎接從大峯山方向前
來的信眾，正面朝南 ❸立於仁王門前
的金剛力士像

吉水神社 よしみずじんじゃ

義經與後醍醐天皇等
歷史人物就近在咫尺

原為修驗宗的僧坊之一，在明治
初年的神佛分離令之下，改為神
社。社內有源義經藏身之間、後
醍醐天皇玉座之間、豐臣秀吉賞
花之間等房間。

☎0746-32-3024 △吉野町吉野山
579 ⑨9:00～17:00 ¥400日圓 Ｐ有
⬛登山纜車吉野山站步行20分
㎞105B-2

❹原為役行者所創建
的寺院 ❺可見到壯
觀紙拉門畫的後醍醐
天皇玉座之間

擁有精彩歷史的吉野山
以7世紀末葉大海人皇子來訪為首，12世紀義經曾藏
身於此，南北朝時代則為醍醐天皇的南朝宮殿。歷
史由社寺代代相傳。

如意輪寺 にょいりんじ

長眠於後山的醍醐天皇陵

創建於10世紀初，之後為後醍醐天皇的敕願寺。位於後山松林中的醍醐天皇陵寢，反映他無緣親政，抱憾而逝的意念，面向京都建造。

竹林院 群芳園 ちくりんいんぐんぽうえん

歷史悠久，擁有名園的宿坊

據傳建於聖德太子創建的椿山寺舊址。群芳園為千利休建造、細川幽齋改建之池泉回遊式借景庭園，為大和三大名園之一。

吉野水分神社 よしのみくまりじんじゃ

以安產及求子之神聞名

以掌管水源分配之神為主神，供奉7位神明的古老神社。桃山式的本殿、樓門、拜殿都十分美麗。據說求子十分靈驗，又名子守神社。

金峯神社 きんぷじんじゃ

建於奧千本的修驗道修行地

建於奧千本，供奉吉野山地主神。中世之後為修驗道的修行地。順著境內左手邊的坡道而下，有義經與弁慶等人藏身的「義經藏身塔」。

1 有藏王權現像等許多與修驗道相關的寺寶
2 面向京都建造的後醍醐天皇塔尾陵

3 本堂中供奉聖德太子、役行者坐像等
4 有壯觀紙拉門畫的大廣間

5 本殿為三殿一棟式建築，洋溢莊嚴氣息
6 穿過紅色鳥居就是樓門

7 修驗道行者進行嚴格修行的道場 **8** 以木鳥居迎賓的古老神社

☎0746-32-3008 ⌂吉野町吉野山1024 🕘9:00〜16:00（4月為7:00〜17:00）
㊡不定休 ￥400日圓 🅿有
🚋近鐵吉野站搭計程車約5分
MAP 105B-3

☎0746-32-8081 ⌂吉野町吉野山2142 🕘8:00〜17:00
㊡不定休 ￥群芳園300日圓
🅿有 🚋登山纜車吉野山站步行25分
MAP 105A-3

☎0746-32-3012 ⌂吉野町吉野山1612 🕘8:00〜16:00（4月為〜17:00）￥免費
🅿有 🚌奧千本口巴士站步行15分 MAP 11C-6

☎0746-32-3012（吉野水分神社）⌂吉野町吉野山1292 🕘境內自由參觀 ㊡無休
￥義經藏身塔300日圓（需洽詢預約 ☎090-5655-6898）
🅿無 🚌奧千本口巴士站步行15分 MAP 11C-6

吉野／吉野山的古社寺

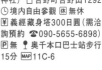

竹林院 群芳園為大有來頭的宿坊。現在已是吉野的代表性旅館（➡P.119）。住宿客可免費參觀庭園。

悠閒散步之餘
尋找吉野山美食與伴手禮

美麗的櫻花與歷史舞台，難以道盡吉野山的美好。
只要鑽進喜歡店家的門簾後，
一定能找到美食與可愛的商品。

邊欣賞中千本的櫻花
邊放鬆享用葛餅

芳魂庵
ほうこんあん

位於藏王堂南側，茶屋式的店面，提供使用吉野葛製作的葛餅。每天早晨手工現做的葛餅風味淳樸。可邊眺望窗外風景，邊享用葛餅抹茶套餐。

↑彈力十足有咬勁的葛花與抹茶套餐670日圓
↓風情獨具的茶屋式店面。可遠眺中千本美景

甜品店 ☎0746-32-8207 ⌂吉野町吉野山550 ⏰9:00～17:00 🈺不定休 🅿無 🚃登山纜車吉野山站下車，步行10分 MAP 105A-2

在爬坡途中的茶屋享用
頂級葛餅

花錦
はなにしき

位於吉野山景點・花矢倉瞭望台下山途中的茶屋。店裡的葛切與葛餅，可品嘗到葛粉口感、黑糖蜜及黃豆粉交織出的獨特滋味。另販售伴手禮用葛粉。

↑可在綠廊稍事休息，享用葛餅500日圓
↓佇立在山路旁的店面。一到春天眼前就是一片櫻花

甜品店 ☎0746-32-4105 ⌂吉野町吉野山1306 ⏰9:00～17:00 🈺不定休 🅿無 🚏竹林院前巴士站下車，步行5分 MAP 105A-3

在風格獨具的民宅中享用
吉野的山川美味

食事処 魚歌家(枳殻屋)
しょくじどころさかなかや(きこくや)

販賣河魚壽司的枳殼屋附設食堂。春天提供山菜，初夏為香魚等河魚，秋冬則是鹿肉及野豬肉等，可在此享受吉野四季珍味搭配壽司的全餐料理。

↑季節主廚料理5000日圓（稅另計）～起。有多種選擇的河魚壽司　↓特定季節會提供鹽烤香魚

和食 ☎0746-32-8732(枳殼屋) ⌂吉野町吉野山2318 ⏰11:00～21:30(預約制) 🈺週三 🅿有 🚃登山纜車吉野山站步行30分 MAP 105A-2

吉野葛為修行中的珍貴糧食
葛是種在貧脊地也能生長，生命力強韌的植物。在吉野大峰山修行的修驗道僧侶以此為食自給自足，之後帶回故鄉推廣到各地。

吉野名產琳琅滿目

太田桜花堂
おおたおうかどう

販賣法螺、大峯佛具，使用櫻木雕刻的吉野人偶，吉野葛與手工和紙等。吉野伴手禮應有盡有。

工藝品 ☎0746-32-5889 ⌂吉野町吉野山563-1 ⏰7:00～19:00 休不定休 ℗無 🚩登山纜車吉野山站步行20分 **MAP**105A-2

吉野人偶（守護人偶）3000日圓～

販售各種吉野葛手工點心

吉野久助堂
よしのきゅうすけどう

販賣使用吉野葛製成的各種手工點心與葛粉。位於金峯山寺參道途中。

和菓子 ☎0746-32-3067 ⌂吉野町吉野山554 ⏰9:00～17:00 休不定休 ℗有 🚩登山纜車吉野山站步行10分 **MAP**105A-2

一個一個手工製作的葛菓子650日圓～

吉野和紙與櫻樹皮手工藝品店

谷嶋誠心堂
たにじませいしんどう

販賣別具風情的手工和紙製作文具及小東西。也有原創商品。

工藝品 ☎0746-32-4008 ⌂吉野町吉野山944 ⏰8:00～17:00(3月底～4月底7:00～20:00) 休不定休 ℗無 🚩登山纜車吉野山站步行20分 **MAP**105A-2

手撕插畫名信片250日圓～

風味優雅的柿葉壽司

醍予
だいよ

鯖魚片與醋飯加上柿葉的芳香，風味優雅。有鯖魚和鮭魚。

食品 ☎0746-32-1177 ⌂吉野町吉野山937-3 ⏰9:00～售完為止 休不定休 ℗無 🚩登山纜車吉野山站步行15分 **MAP**105A-2

鯖魚柿葉壽司7個裝900日圓～

修驗道僧侶傳下的腸胃良藥

藤井利三郎薬房
ふじいりさぶろうやくぼう

販賣吉野山修驗者傳下的腸胃良藥「陀羅尼助丸」。使用傳統工法製作。

藥品 ☎0746-32-3025 ⌂吉野町吉野山2413 ⏰9:00～17:00 休不定休 ℗有 🚩登山纜車吉野山站步行15分 **MAP**105A-2

藤井陀羅尼助丸720粒裝分36包1620日圓等

櫻花羊羹的賞花風情

萬松堂
まんしょうどう

創業超過100年的和菓子店。店內陳列著草餅與櫻花羊羹，夏天有葛饅頭，秋天則推出栗餅。

和菓子 ☎0746-32-2834 ⌂吉野町吉野山448 ⏰8:30～17:00(4月底8:00～20:00) 休不定休 ℗無 🚩登山纜車吉野山站步行10分 **MAP**105A-2

加入鹽漬櫻花的櫻花羊羹1條900日圓

說到吉野，也會想起著名的木材吉野杉。在吉野山的伴手禮店，陳列著吉野杉飯匙和筷子等商品。

用大量溫泉水洗去全身疲勞
在吉野人氣旅館放鬆身心

浸泡於大自然的祕湯中，徹底舒緩身心。
若再搭配芳療及各種療程，
就能百分之百沉浸在奢華的氣氛中。

吉野的溫泉旅館
皆需支付泡湯稅
100日圓。

1可享受流動式溫泉「靜之湯」的露天浴池 2建於明治時代的客房「大峰」。想入住需洽詢 3洋溢日式老旅館風情的外觀

1微微泛紅的流動式溫泉 2可享受吉野山四季風情的客房 3建於深綠之中，洋溢祕湯風情

さこや

用溫泉與腳底按摩芳療舒緩身心

創業於江戶時代的純和風老舖旅館，設施完備，有附露天浴池的客房。養生料理「四季御膳」以及提供精油

按摩服務的反射療法沙龍非常受到女性歡迎。

☎0746-32-5155 🏠吉野町吉野山2620 🚃登山纜車吉野山站步行5分
🕐IN15:00　OUT10:00
🅿有 MAP 105A-2
●有接送服務(4月1日～5月5日不提供) ●有露天浴池

費用專案
附精油腳底按摩的
「腳底穴道芳療」專案
平日 1泊2食 16200日圓～
假日前日 平日收費10%UP

吉野溫泉元湯 よしのおんせんもとゆ

文豪曾入住的的吉野祕湯

以島崎藤村曾入住聞名的旅館。可欣賞四季不同的庭園風景，以及風雅的山景。包括吉野美味烹調的宴席料理

在內，家庭式的款待十分貼心。

☎0746-32-3061 🏠吉野町吉野山902-1
🚃近鐵吉野站步行15分
🕐IN14:30　OUT10:00
🅿有 MAP 105B-2
●有接送服務

費用專案
可享受吉野美食的專案
平日 1泊2食
14000日圓(稅另計)～
假日前日 1泊2食
14000日圓(稅另計)～
4月～5月7日 1泊2食
15000日圓(稅另計)～

① 可俯瞰櫻花在山坡上盛開景緻的露天溫泉　② 據說是吉野最佳地點　③ 舒適寧靜的客房

① 能消除疲勞的碳酸食鹽溫泉　② 可俯瞰眼前的吉野川　③ 宮滝溫泉就位於國道169號沿線

湯元 宝の家 ゆもとほうのや

在風情洋溢的旅館享受阿育吠陀芳療

建於吉野數一數二的名勝地，據說後醍醐天皇也曾在此地進行溫泉治療。吉野葛料理及山豬火鍋等當季宴席料理是一大賣點。也可享受道地的阿育吠陀芳療，沉浸在奢華的氣氛中。

☎0746-32-5121
⌂吉野町吉野山937
🚃登山纜車吉野山站步行20分
🕐IN15:00　OUT10:00
Ⓟ有　MAP 105A-2
●有接送服務
●有露天浴池

費用專案
舒緩全身的「阿育吠陀芳療」專案（限1週前預約）
平日 附2食18468日圓～＋阿育吠陀芳療17010日圓
假日前日 每季費用不同（需洽詢）

宮滝溫泉元湯 まつや みやたきおんせんもとゆまつや

可沈浸在吉野魅力中的溫暖旅館

在處處都有溫泉的吉野山中，唯一建於吉野川沿岸的宮滝溫泉獨棟旅館。以昔日的天皇離宮聞名，從大浴場及客房可遠眺絕景。香魚料理與山豬肉鍋等料理也十分吸引人。

☎0746-32-8015
⌂吉野町宮滝53-1　🚃近鐵吉野線大和上市站搭乘奈良交通巴士15分，宮滝下車即到
🕐IN15:00　OUT10:00
Ⓟ有　MAP 11C-5
●有露天浴池

費用專案
在歷史悠久的吉野宮滝享用當季食材專案
1泊2食 13860日圓～

各旅館也提供純泡湯方案。但有些季節可能不開放，請事先確認。

追求充實的藝術時光
前往奈良個性派博物館

在旅途中務必要前往參觀的人氣博物館。
有許多只有在這裡才看得到的美術品與藝術品，
將會開啟你未知的好奇心之門。

❶收藏大量壯觀的名作 ❷有時會更換展品 ❸奈良佛像館為法國文藝復興式建築

奈良國立博物館 `奈良公園`
ならこくりつはくぶつかん

展示國寶級佛教美術

日本唯一的佛教美術專門博物館。除了約1800件館藏之外，還有寺院神社託管的寶物。展出擁有高學術價值的美術品及考古遺物等。奈良佛像館的建築為明治中期的代表性歐風建築，被列為國家重要文化財。

☎050-5542-8600（NTT Hello Dial語音服務）♙奈良市登大路町50 ⏰9:30～16:30（4月最後1週～10月最後1週每週五～18:30）㊡週一（逢假日則翌日休，有臨時店休）¥520日圓，特展費用視展覽而異 Ⓟ無 ‼近鐵奈良站步行15分 `MAP`25D-2

←「打起精神佛像系列」很受歡迎。馬克杯阿修羅875日圓

小書籤
6個一組
540日圓

❶建築物由黑川紀章設計 ←赤廣燒咖啡杯3800日圓。樸素的色調感覺非常不錯

展品包括美麗的風景畫及萬葉集的花卉畫等

入江泰吉紀念奈良市寫真美術館 `高畑`
いりえたいきちきねんならししゃしんびじゅつかん

沉浸在入江泰吉的世界

展出奈良的代表性攝影師·入江泰吉充滿魅力的作品。館內收藏約8萬件作品，每季依不同主題舉辦展覽會。

☎0742-22-9811 ♙奈良市高畑町600-1 ⏰9:30～16:30 ㊡週一、假日隔日的平日（週一逢假日為翌日休、換展期間休館）¥500日圓 Ⓟ有 ‼近鐵奈良站搭乘奈良交通巴士6分，破石町下車，步行10分 `MAP`25E-4

奈良縣立萬葉文化館 飛鳥

ならけんりつまんようぶんかかん

洋溢浪漫情懷的「萬葉」世界

有美術館及博物館等，以『萬葉集』為主題的複合式設施。會舉辦萬葉集主題的日本畫展，以及透過音樂和影像等重現當時人們生活的展覽。另有圖書・資訊室，可在此詳細了解萬葉世界。

☎0744-54-1850 ⌂明日香村飛鳥10
◷10:00～17:00 休週一（逢假日則翌日休，換展期間休館）¥免費，參觀展覽費用另計 P有
📍近鉄橿原神宮前駅搭乘奈良交通巴士20分，万葉文化館西口下車即到 MAP 89E-2

1 陳列以『萬葉集』和歌為主題的作品 2 可欣賞萬葉集中花卉的庭園
3 博物館商店中販售「萬葉和歌卡」2940日圓及明日香伴手禮等

奈良縣立橿原考古學研究所附設博物館 橿原

ならけんりつかしはらこうこがくけんきゅうしょふぞくはくぶつかん

考古學粉絲必看

展示於奈良縣內遺址出土的舊石器時代後的出土物，展品包括橿原遺址出土的繩文土器（重文），及藤木古墳出土的馬具（國寶）等。展示室按時代順序排列，並展出飛鳥京模型及各種裝飾品等。另有影像圖書館。

☎0744-24-1185 ⌂橿原市畝傍町50-2
◷9:00～16:30 休週一（逢假日則翌日休）¥400日圓
P有 🚉近鐵畝傍御陵前站步行5分 MAP 11B-4

1 展出埴輪及木製品等的第二展示室
2 位於橿原遺址附近

↑埴輪形狀，メスリ山圓筒埴輪香爐4000日圓

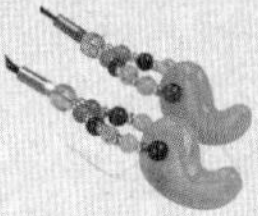

←天然礦石製作的勾玉吊飾1個525日圓～

↑收藏從鎌倉時代到現代的藝術品 ←有館藏展與特展

奈良縣立美術館 奈良市內

ならけんりつびじゅつかん

豐富的奈良相關藝術品

收藏多達4150件作品的美術館，館藏包括日本畫家吉川觀方捐贈的日本畫及浮世繪，美術工藝品等。還有許多與奈良相關藝術家的作品。

☎0742-23-3968
⌂奈良市登大路町10-6
◷9:00～16:30（舉辦特展時週五・六為～18:30）
休週一（逢假日則翌平日休，換展期間休館）¥依展覽而異 P無
🚶近鐵奈良站步行5分
MAP 24C-2

↑氣氛明亮寬敞的建築物 ←每年會舉辦6次不同的展覽

松伯美術館 奈良郊外

しょうはくびじゅつかん

遇見高格調日本畫

收藏以美人畫著名的上村松園，花鳥畫著名的松篁、淳之橫跨三代共522件作品。另展出草稿，並舉辦特展及花鳥畫公募展等。

☎0742-41-6666 ⌂奈良市登美ヶ丘2-1-4 ◷10:00～16:00 休週一（週一逢假日則翌平日休，換展期間休館）¥800日圓（特展1000日圓）P有 🚉近鐵學園前站搭乘奈良交通巴士5分，大渕橋（松柏美術館前）下車即到 MAP 22A-1

大和文華館、松柏美術館，皆位於綠意盎然的奈良市郊外。不妨在花草叢生的庭園散步。

若要下榻奈良，有以下選擇
各有不同的吸引力

住宿是旅行的醍醐味…
在思考要住哪間旅館之前，
最好事先了解它們各自的魅力所在。

JR奈良站即到
高品質城市商旅
奈良日航飯店
ホテルにっこうなら

JR奈良站即到的旅館。客房裝潢採簡單俐落風格，可放鬆休息的加大床鋪也讓人欣喜。提供多種不同的住宿方案。

☎0742-35-8831 ⌂奈良市三条本町8-1
⏰IN13:00 OUT11:00 Ⓟ有 ‼JR奈良站西口即到 MAP 24A-3

這裡最迷人！
在羽絨寢具中進入夢鄉

↑大廳位於飯店3樓。寬廣的空間讓人印象深刻 →觸感超群的羽絨寢具

費用專案
單人房 12700日圓～
雙床房 22000日圓～

這裡最迷人！
Check-out時間較晚也OK可以慢慢來

↑色調柔和，氣氛舒適寧靜的客房 ←吊掛於圓頂天花板的華麗水晶吊燈

費用專案
單人房 8200日圓～
雙床房 14000日圓～

在奈良鬧區
舒適住宿
奈良藤田酒店
ホテルフジタなら

位於近鐵奈良站及JR奈良站正中央。以米色系為主的摩登外觀，以及入口大廳宛如極光般閃耀的水晶吊燈十分引人注目。

☎0742-23-8111 ⌂奈良市下三条町47-1
⏰IN13:00 OUT11:00 Ⓟ無 ‼JR·近鐵奈良站步行5分 MAP 24B-2

若想盡情享受
購物樂趣
奈良華盛頓酒店
ならワシントンホテルプラザ

以面向三条通的優良地段為賣點。有無障礙客房及禁菸客房。由於此飯店提倡環保，不提供牙刷等盥洗用具。

☎0742-27-0410 ⌂奈良市下三条町31-1
⏰IN14:00 OUT10:00 Ⓟ有 ‼JR奈良站步行4分 MAP 24B-2

這裡最迷人！
加大床鋪十分舒適

費用專案
單人房 4120日圓～
雙床房 7730日圓～

↑客房統一為柔和色系 →7層樓建築，客房有204間

自然不做作的療癒空間
小さなホテル奈良倶楽部
ちいさなホテルならくらぶ

以便於在古都散步，以及無微不至的服務大受歡迎的旅館。可在小小的圖書室中尋找自己想看的書，或欣賞當季花草及藝術品消除旅途疲勞。

☎0742-22-3450 　⌂奈良市北御門町21
🕐IN15:00　OUT10:00　🅿有　📍近鉄奈良驛搭乘奈良交通巴士5分，今在家巴士站下車，步行3分　MAP23E-2

這裡最迷人！
晨間散步就到奈良公園

費用專案
單人房　6000日圓（稅計）～
雙床房　11000日圓（稅計）～

↑館內裝飾著韓國包巾
→使用講究食材的早餐是賣點之一。需預約1500日圓（稅另計）

這裡最迷人！
多種住宿專案可供選擇

↑接近主要觀光景點十分方便　←還有可看見興福寺五重塔的客房

費用專案
單人房　9504日圓～
雙床房　18360日圓～

可享用茶粥的大和風飯店
奈良太陽道大飯店
ホテルサンルート

位於奈良公園・奈良町入口處，十分便於觀光。可在地下餐廳「日本料理おばな」品嘗使用受歡迎的焙茶熬煮的茶粥，以及享用健康取向早餐。

☎0742-22-5151　⌂奈良市高畑町1110
🕐IN14:00　OUT11:00　🅿有　🍴近鐵奈良站步行10分　MAP24C-3

JR・近鐵奈良站步行5分
Hotel Asyl Nara
ホテルアジール・なら

有各種採用和風元素的客房選擇。設於大廳的休息空間有暖爐及地爐，洋溢親切溫暖氛圍的客房也頗受好評。

☎0742-22-2577　⌂奈良市油阪町1-58
🕐IN15:00　OUT10:00　🅿有　🍴JR・近鐵奈良站步行5分　MAP24A-2

這裡最迷人！
住宿旅客可免費使用大浴場

費用專案
單人房　9000日圓～
雙床房　16000日圓～

↑2011年重新翻修的頂級客房　→館內有多處放鬆休憩空間

奈良公園中有許多綠蔭圍繞的旅館。老字號的奈良飯店（🔖P.74）也是其中之一。

若要下榻奈良，有以下選擇
各有不同的吸引力

英國風外觀很受女性歡迎
B&B Asuka
ビーアンドビーアスカ

燈具及壁紙，甚至地板都可看出老闆夫妻的堅持與品味。英國風裝潢及寧靜舒適的氣氛很受女性歡迎。客房為洋室2間、和室1間。

☎0744-54-3810　⏠明日香村川原55　🕐IN16:00　OUT10:00　Ⓟ有　🚏近鉄飛鳥駅搭乘奈良交通巴士9分，川原巴士站下車即到　MAP 89D-3

這裡最迷人！
各種高雅迷人的古董家具

費用專案
1泊附早餐6700日圓～

↑沉浸在歐洲氛圍的餐廳享用早餐　→燈具與家具等古董家具陳列

這裡最迷人！
推薦使用當地食材烹調的午餐

↑餐廳也供旅客純用餐　←居家感十足的民宿式外觀

費用專案
1泊2食8800日圓(稅另計)～

可享用正統
歐風料理的民宿
小さなホテル ペンション飛鳥
ちいさなホテルペンションあすか

位於近鐵飛鳥站附近的歐風民宿。所有房間都附衛浴、廁所，寢具則使用鬆軟的羽毛被。晚餐可在鋼琴演奏的背景音樂下，享受全餐料理。

☎0744-54-3017　⏠明日香村越17　🕐IN16:00　OUT10:00　Ⓟ有　🚉近鐵飛鳥站即到　MAP 88B-4

建於江戶時代街道上的
町家旅館
嘉雲亭
かうんてい

今井町第一間町家改建旅館。洋溢日本懷舊風情的客房，夏天使用蚊帳電風扇，冬天使用熱水袋度過悠閒時光。

☎0744-23-0016(090-3722-5308)　⏠橿原市今井町2-8-25　🕐IN15:00　OUT10:00　Ⓟ有　🚉近鐵八木西口站步行5分　MAP 99

這裡最迷人！
町家獨有的箱形樓梯與格子窗

費用專案
純住宿5000日圓(稅另計)～
(有學生折扣)

↑可悠閒放鬆的房間　→洋溢老闆手工質感的飯店

Ⓒ 可使用信用卡　潘 2010年後開幕或重新裝修　凜 有禁煙室
晖 有露天浴池　Ⓟ 單人房20㎡以上　↑ 平日退房為11點之後　🏠 提供女性專屬服務
旅 旅館　木 飯店　民 民宿　公 國營旅館　👜 歐風民宿

奈良 | 木 ピープルズイン花小路　Ⓒ 凜
ピープルズインはなこみち
☎0742-26-2646　¥S6500日圓（稅計）〜，T13000日圓（稅另計）〜
室S4,T12,W2,其他12　⌂奈良市小西町23
🕐IN15:30　OUT10:00　Ⓟ有　🚌近鐵奈良站即到　MAP 24B-2
POINT是讓人忍不住想說「我回來了」的飯店。

奈良 | 旅 旅館南都　凜
りょかんなんと
☎0742-22-2646　¥1泊附早餐6000日圓（稅另計）〜　室和室13
⌂奈良市上三条町29　🕐IN16:00　OUT10:00　Ⓟ有
🚌近鐵奈良站步行5分　MAP 24B-2
POINT位在近鐵光景點的三条通上的和風旅館。

奈良 | 木 ホテル・葉風泰夢　Ⓒ 凜
ホテルは〜とたいむ
☎0742-33-5656　¥S5000日圓〜，T10000日圓〜
室S50,T19,W6　⌂奈良市芝辻町2-11-6　🕐IN15:00　OUT11:00
Ⓟ有　🚌近鐵大宮站即到　MAP 23D-2
POINT對女性來說很方便的貼心飯店。

奈良 | 旅 古都の宿 むさし野　Ⓒ
ことのやどむさしの
☎0742-22-2739　¥1泊2食20520日圓〜　室和室12
⌂奈良市春日野町90　🕐IN16:00　OUT10:00　Ⓟ有
🚏春日大社本殿巴士站步行7分　MAP 25F-2
POINT遠眺若草山的純和風旅館。

奈良 | 民 奈良ウガヤゲストハウス　潘 晖 ↓
ならウガヤゲストハウス
☎0742-95-7739　¥純住宿2500日圓〜　室和室1,洋室1
⌂奈良市奥子守町4-1　🕐IN15:00　OUT早朝〜11:00
Ⓟ無　🚃JR奈良站步行5分　MAP 24B-3
POINT咖啡廳兼大廳為資訊交流處。

奈良 | 民 町屋ゲストハウスならまち　新
まちやゲストハウスならまち
☎0742-87-0522　¥純住宿2500日圓〜　室和室4
⌂奈良市北京終町30　🕐IN16:00〜22:00　OUT8:00〜10:00
Ⓟ有　🚃JR京終站步行5分　MAP 24C-4
POINT曾是大型商家的建築風情獨具。

橿原 | 木 橿原観光ホテル　Ⓒ
かしはらかんこうホテル
☎0744-22-3235　¥純住宿5250日圓〜（2人1房時）室和室6
⌂橿原市久米町862　🕐IN16:00　OUT10:00　Ⓟ有
🚌近鐵橿原神宮站步行5分　MAP 11B-4
POINT為於橿原神宮外苑的閑靜地段。

吉野 | 旅 竹林院 群芳園　Ⓒ 晖
ちくりんいんぐんほうえん
☎0746-32-8081　¥1泊2食16200日圓〜　室和室43　🚉吉野町吉野山
2142　🕐IN15:00　OUT10:00　Ⓟ有　登山纜車吉野山站步行25分（除
4月之外，在吉野站有接送服務，14:30〜18:00，預約制）　MAP 105A-3
POINT可看見吉野風景盡收眼底露天浴池的客房。

奈良 | 旅 奈良白鹿荘　Ⓒ 🏠
ならはくしかそう
☎0742-22-5466　¥1泊2食12960日圓〜　室T2,和室24
⌂奈良市花芝町4　🕐IN15:30　OUT10:00　Ⓟ有
🚏近鐵奈良站即到　MAP 24C-2
POINT洋溢高雅氣氛的古檜木浴池是其賣點。

奈良 | 旅 天平旅館　凜
てんぴょうりょかん
☎0742-22-0551　¥純住宿5000日圓（稅計）〜　室S2,和室18
⌂奈良市東向中町9　🕐IN16:00　OUT10:00　Ⓟ有
🚏近鐵奈良站即到　MAP 24C-2
POINT方便前往興福寺、東大寺等觀光景點。

奈良 | 木 奈良貴賓酒店　Ⓒ 凜
ならロイヤルホテル
☎0742-34-1131　¥S9000日圓（稅另計）〜，T16000日圓（稅另計）〜
室T127　⌂奈良市法華寺町254-1　🕐IN14:00　OUT11:00　Ⓟ有
🚌近鐵新大宮站步行10分　MAP 22C-1
POINT可在天然溫泉及休息區放鬆身心。

奈良 | 旅 観鹿荘　Ⓒ
かんろくそう
☎0742-26-1128　¥1泊2食19440日圓〜　室和室9
⌂奈良市春日野町10　🕐IN15:30　OUT10:00　Ⓟ有
🚏大仏殿春日大社前巴士站即到　MAP 25D-2
POINT可欣賞美麗庭園的日式旅館。

奈良 | 民 ゲストハウス枕　
ゲストハウスまくら
☎0742-24-2279　¥純住宿2500日圓〜　室和室3
⌂奈良市今御門町27-1　🕐IN16:00〜22:00　OUT7:00〜11:00
Ⓟ有　🚌近鐵奈良站步行8分　MAP 24C-3
POINT可在附近酒吧的大廳遇見不同人。

飛鳥 | 木 Hotel Wellness Yamatoji　Ⓒ 凜
ホテルウェルネスやまとじ
☎0744-43-8606　¥1泊2食7700日圓〜　室T5,和室15
⌂桜井市山田299-1　🕐IN13:00　OUT10:00
Ⓟ有　🚏飛鳥資料館巴士站步行10分　MAP 11B-4
POINT到山邊之道及明日香之里都很方便。

橿原 | 木 橿原皇家度假大飯店　Ⓒ 凜 ↓
かしはらロイヤルホテル
☎0744-28-1511　¥1泊2食14040日圓〜　室S12,T167,其他26
⌂橿原市久米町652-2　🕐IN15:00　OUT11:00　Ⓟ有
🚌近鐵橿原神宮前站即到　MAP 88A-1
POINT檜木浴池及岩浴池分男女每天輪流使用。

吉野 | 旅 歌藤　晖 🏠
かどう
☎0746-32-3177　¥1泊附早餐9720日圓〜　室和室14,其他1
⌂吉野町吉野山3056　🕐IN15:00　OUT10:00　Ⓟ有
🚉登山纜車吉野山站即到　MAP 105A-1
POINT可從房間欣賞吉野群山和枝垂櫻。

S：單人房 T：雙床房 W：雙人房

前往奈良・飛鳥的交通方式

移動本身也是旅行的一部分，所以希望能又快又舒適。
讓這次旅行能夠更愉快的，
一目暸然的就是「co-Trip」式的交通方式。

※本書提供的是2014年1月時的費用。
費用或有調整僅供參考，請特別注意。

各地前往奈良

新幹線在京都站轉乘近鐵電車或JR奈良線。
飛機則在伊丹・關西機場搭利木津巴士。

奈良的門戶是近鐵奈良站和JR奈良站。由於奈良沒有新幹線，前往奈良需在京都站轉乘近鐵特急或JR奈良線的みやこ路快速。從京都站出發皆為40分。若搭飛機可在大阪（伊丹）機場、關西機場搭乘不需轉車的利木津巴士較方便。

不妨找找划算的優惠方案

若往返為同樣路線，也可找找能2～3人一起使用的旅行社優惠方案。「フリープラン」型的行程，是僅包含交通工具及飯店的方案，比個別預約要便宜很多。趕快上網查詢相關資訊吧。

出發地點	交通工具	路線	需時	價格
札幌	🛫	新千歲機場→JAL・ANA→關西機場→利木津巴士→近鐵奈良站前	4小時	43300日圓
仙台	🛫	仙台機場→JAL・ANA・IBX→大阪（伊丹）機場→利木津巴士→近鐵奈良站前	2小時30分	32240日圓
東京	🚅	東京站→新幹線のぞみ→京都站→近鐵特急→近鐵奈良站	3小時20分	13850日圓
名古屋	🚅	名古屋站→新幹線のぞみ→京都站→近鐵特急→近鐵奈良站	1小時40分	6180日圓
金澤	🚃	金澤站→JR特急サンダーバード→京都站→近鐵特急→近鐵奈良站	3小時20分	7240日圓
高松	🚃	高松站→JR快速マリンライナー→岡山站→新幹線のぞみ→京都站→近鐵特急→近鐵奈良站	3小時20分	9520日圓
廣島	🚅	廣島站→新幹線のぞみ→京都站→近鐵特急→近鐵奈良站	2小時40分	11420日圓
福岡	🚅	博多站→新幹線のぞみ→京都站→近鐵特急→近鐵奈良站	3小時50分	15720日圓
福岡	🛫	福岡機場→JAL・ANA・IBX→大阪（伊丹）機場→利木津巴士→近鐵奈良站前	3小時	23340日圓

🚌 也可以搭乘巴士旅行

巴士旅行既是不必轉乘的輕鬆旅程，也比新幹線和飛機更便宜。巴士有夜行、日間等眾多的班次，搭乘夜行巴士時，還可在當地玩上1整天。搭巴士出遊前，別忘了先訂票和弄清楚搭乘車地點。

🚃 利用青春18車票的慢行之旅

青春18車票（青春18きっぷ）是可以一整天無限制搭乘JR的快速、普通電車的車票。悠閒地搭著火車的慢行之旅，說不定在途中會有什麼意想不到的新發現呢。一張票可以用5日（人），11500日圓。配合春假、寒假、暑假期間發售。

機場發車的利木津巴士

利木津巴士會到近鐵奈良站與JR奈良站。從關西機場發車的班次還會停靠奈良飯店。可視接下來的行程決定上下車地點。

詢問處

電車
JR東日本電話服務
・・・・・・・・☎050-3772-3910
JR西日本顧客中心
・・・・・・・・☎0570-00-2486
近鐵(大阪)・・・☎06-6771-3105
近鐵(東京)・・・☎03-3212-2051
近鐵(名古屋)・☎052-561-1604

飛機
JAL(日本航空)☎0570-025-071
ANA(全日空)☎0570-029-222
IBX(IBEX航空)
・・・・・・・・☎0120-686-009

巴士
大阪機場交通・☎06-6844-1124
關西機場交通・☎072-461-1374

co-Trip推薦的便利網站

國內線.com
可以檢索、購買日本國內航空公司的路線
http://www.kokunaisen.com/(PC)
駅探
可檢索飛機電車的時刻、票價
http://ekitan.com/(PC)

札幌　✈新千歲機場

✈仙台機場
仙台

金澤

名古屋　東京

大阪(伊丹)/關西機場　✈　✈羽田機場

廣島　京都

大阪　奈良

高松

福岡機場

福岡(博多)

靈活運用飛機的折扣機票

航空公司都會提供像是購買雙程票，或是早鳥票、特定班次機票等的折扣票種。不妨活用每家航空公司都會推出的折扣機票制度，享受一趟低廉的空中之旅吧。

大阪・京都往奈良

從兩地出發都是近鐵電車最方便。若從大阪伊丹機場、關西機場出發，則可搭不用轉車的利木津巴士。

大阪出發時，可在大阪難波站搭乘近鐵奈良線一直線到奈良，近鐵特急便利又舒適。若利用JR則在大阪搭乘大和路快速，同樣不用轉車直達。京都出發時則搭乘近鐵特急或JR奈良線のみやこ路快速。皆為40分左右。

出發地點	交通工具	路線	需時	價格
大阪	🚃	**大阪難波站**→近鐵快速急行→**近鐵奈良站**	39分	540日圓
	🚃	**大阪站**→JR大和路快速→**奈良站**	50分	780日圓
京都	🚃	**京都站**→近鐵特急→**近鐵奈良站**	35分	1110日圓
	🚃	**京都站**→JRみやこ路快速→**奈良**	45分	690日圓
大阪伊丹機場	🚌	**大阪(伊丹)機場**→利木津巴士→**近鐵奈良站前**	1小時5分	1440日圓
關西機場	🚌	**關西機場**→利木津巴士→**近鐵奈良站前**	1小時25分	2000日圓

奈良前往各地區

前往斑鳩、飛鳥、吉野等地還是搭近鐵電車最方便。務必事先確認中途的轉乘站。

奈良有近鐵電車連接各地區，但僅有前往斑鳩時，必須搭乘JR大和路線。往飛鳥、吉野方向也是搭乘近鐵電車，若從近鐵奈良站出發，必須在大和西大寺站、橿原神宮前站換車。

前往地點	交通工具	路線	需時	價格
斑鳩	🚃	**奈良站**→JR大和路快速→**法隆寺站**→NC巴士→**法隆寺前**	25分	390日圓
飛鳥	🚃	**近鐵奈良站**→近鐵奈良線急行→**大和西大寺站**→近鐵橿原線急行→**橿原神宮前站**→近鐵吉野線急行→**飛鳥站**	50分	560日圓
吉野	🚃	**近鐵奈良站**→近鐵奈良線急行→**大和西大寺站**→近鐵橿原線急行→**橿原神宮前站**→近鐵吉野線急行→**吉野站**	1小時40分	830日圓

🕊️ 也有這種車票

奈良・飛鳥1day 車票

可在1日內，於限定區間內自由搭乘各鐵路、近鐵電車、奈良交通巴士。皆可自由上下車。但奈良交通巴士不能以生駒登山纜車為出發點。若搭乘特急列車對號座則需另外計費。

奈良世界遺產周遊票

是包含近鐵主要車站到奈良大和路來回車票，以及不限次數搭乘指定區域內近鐵線、奈良交通巴士的套票。共有「奈良・斑鳩・吉野」「奈良・斑鳩」「奈良」地區三種選擇。去回車票，指定區域內的特急班次皆需另外計費。

搭乘私鐵‧地下鐵便宜前往奈良！
也可購買關係私鐵‧地下鐵沿線至奈良的來回優惠車票。詳情請上近鐵網站！還有合併奈良交通巴士的套票。

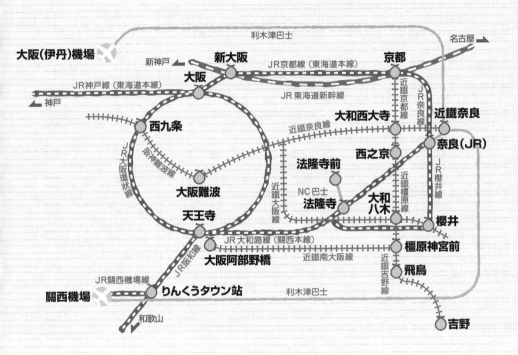

大阪(伊丹)機場

新神戶　新大阪

大阪

JR神戶線(東海道本線)

神戶

JR京都線(東海道本線)　京都

名古屋

利木津巴士

JR東海道新幹線

近鐵京都線

JR奈良線

大和西大寺

近鐵奈良

西九条

近鐵奈良線

奈良(JR)

JR大阪環狀線

阪神難波線

法隆寺前

西之京

大阪難波

NC巴士

法隆寺

大和八木

櫻井

JR櫻井線

近鐵橿原線

天王寺

近鐵大阪線

JR大和路線(關西本線)

大阪阿部野橋

橿原神宮前

近鐵南大阪線

飛鳥

JR阪和線

JR關西機場線

りんくうタウン站

利木津巴士

近鐵吉野線

關西機場

和歌山

吉野

定期觀光巴士的全套之旅

預約‧詢問：奈良交通綜合預約中心…☎0742-22-5110

路線名稱	主要發車地	路線	主要目的地	費用	發車日
奈良公園3名勝與春日深山之旅	JR奈良站前9:00 近鐵奈良站前9:05	東大寺‧大佛殿➡春日大社‧寶物殿➡興福寺‧國寶館➡若草山(車窗)➡春日奧山原始林(車窗)	JR奈良站前13:00	4300日圓	每天
法隆寺‧西京	JR奈良站前10:00 近鐵奈良站前10:05	法隆寺➡中宮寺➡慈光院➡藥師寺➡唐招提寺➡平城京遺址‧朱雀門	JR奈良站前17:00	7000日圓	每天
法隆寺‧西京快速觀光	JR奈良站前13:10 近鐵奈良站前13:15	法隆寺➡藥師寺➡平城京遺址‧朱雀門(車窗)	JR奈良站前17:45	4600日圓	每天

※特展舉辦期間，參拜地點、費用可能有所變動。　※此外也有季節限定行程。
※每年還有配合各季活動、花季、特別參拜等設計的多種行程。

index

Ⓢ 景點　Ⓡ 餐廳　Ⓒ 咖啡廳　Ⓢ 商店　Ⓗ 飯店　♨ 溫泉

飛鳥

外文字母

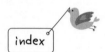

十三劃以上

日文假名

二劃～五劃

ⓙ 景點　ⓡ 餐廳　ⓒ 咖啡廳　ⓢ 商店　ⓗ 飯店　ⓦ 溫泉

ことりっぷ co-Trip 小伴旅

奈良・飛鳥

【 co-Trip日本系列 20 】

奈良・飛鳥小伴旅

作者／MAPPLE 昭文社編輯部
翻譯／鄧宜欣
校對／張雅茜
編輯／廉凱評
發行人／周元白
出版者／人人出版股份有限公司
地址／23145新北市新店區寶橋路235巷
6弄6號7樓
電話／(02)2918-3366（代表號）
傳真／(02)2914-0000
網址／www.jjp.com.tw
郵政劃撥號／
16402311人人出版股份有限公司
製版印刷／長城製版印刷股份有限公司
電話／(02)2918-3366（代表號）
經銷商／聯合發行股份有限公司
電話／(02)2917-8022
第一版第一刷／2014年12月
定價／新台幣280元

國家圖書館出版品預行編目(CIP)資料

奈良.飛鳥 : 小伴旅 / MAPPLE昭文社編
輯部作；鄧宜欣翻譯. -- 第一版. -- 新北
市 : 人人, 2014.12
　面 ；　公分. -- (co-Trip日本系列；20)
　譯自：奈良.飛鳥
　ISBN 978-986-5903-71-8(平裝)

1.旅遊 2.日本奈良市
731.75519　　　　　　　103020259

JMJ

co-Trip NARA ASUKA ことりっぷ 奈良・飛鳥
Copyright © Shobunsha Publications, Inc.
2014
All rights reserved.
First original Japanese edition published by
Shobunsha Publications, Inc. Japan
Chinese （in traditional characters only）
translation rights arranged with Jen Jen
Publishing Co., Ltd.
through CREEK & RIVER Co., Ltd.

●本書提供的，是2014年1月的資訊。由於資訊可
能有所變更，要利用時請務必先行確認，因日本調
高消費稅，各項金額可能有所變更；部分公司行號
可能標示不含稅的價格。此外，因為本書中提供的
內容而產生糾紛和損失時，本公司礙難賠償，敬請
事先理解後使用本書。
●電話號碼提供的都是各設施的詢問電話，因此
可能會出現非當地號碼的情況。因此使用衛星導
航等設備查詢地圖時，可能會出現和實際不同的
位置，敬請注意。
●各種費用部分，入場券部分的標示以大人的票
價為基準。
●開館時間、營業時間，以到停止入館的時間之
間，或是到最後點餐時間之間為基準。
●不營業的日期，只標示公休日，不包含臨時停
業或盂蘭盆節和過年期間的休假。
●住宿費用的標示，是淡季平日2人1房入宿時的1
人份費用。但是部分飯店，也可能房間為單位來
標示。
●交通標示出來的是主要交通工具的參考所需時
間。
●本文內詢問處基本上使用的語言是日文，請注
意。

●この本に掲載されている地図の作成に当たっては、
国土地理院長の承認を得て、同院発行の1万分の1
地形図 2万5千分の1地形図 5万分の1地形図
20万分の1地勢図を使用した。(承認番号 平25
情使、第6-154040号 平25情使、第7-154040
号 平25情使、第8-154040号 平25情使、第
9-154040号)
●この本に掲載されている地図のシェーディング作成
にあたっては、「地形モデル作成方法」(特許第
2623449号)を使用しました。

●著作權所有　翻印必究●